腾讯
TENCENT
MAHUATENG
纽约金融客◎著
马化腾
共享
创造未来
台海出版社

图书在版编目（CIP）数据

腾讯马化腾 ： 共享创造未来 / 纽约金融客著． -- 北京 ： 台海出版社， 2019.8（2021.3 重印）
ISBN 978-7-5168-2274-6

Ⅰ．①腾… Ⅱ．①纽… Ⅲ．①马化腾－生平事迹②网络公司－企业管理－经验－中国 Ⅳ．①K825.38 ②F279.244.4

中国版本图书馆 CIP 数据核字（2019）第 199161 号

腾讯马化腾 ： 共享创造未来

著　　者：纽约金融客

出 版 人：蔡　旭　　　　封面设计：方与圆
责任编辑：姚红梅

出版发行：台海出版社
地　　址：北京市东城区景山东街 20 号　　邮政编码：100009
电　　话：010-64041652（发行，邮购）
传　　真：010-84045799（总编室）
网　　址：www.taimeng.org.cn/thcbs/default.htm
E-mail：thcbs@126.com

经　　销：全国各地新华书店
印　　刷：环球东方（北京）印务有限公司
本书如有破损、缺页、装订错误，请与本社联系调换

开　　本：710 毫米 ×1000 毫米　　1/16
字　　数：168 千字　　印　　张：16
版　　次：2019 年 8 月第 1 版　　印　　次：2021 年 3 月第 2 次印刷
书　　号：ISBN 978-7-5168-2274-6

定　　价：48.00 元

前言

商海汹涛，谁主浮沉？优胜劣汰，胜者为王。

2000 年前后，是互联网风起云涌的时代，在这个大时代里，中国诞生了一大批互联网公司，如百度、搜狐、网易、腾讯、易趣、网景、网络蚂蚁等。这一批互联网公司在时间的潮流和市场的残酷竞争中，有的淹没在市场的洪流中，惨遭淘汰；有的奋力前进，逆流而上，绝地求生，最终成功上岸，完成蜕变。

而腾讯是这一批互联网公司中最终突围成功的公司之一。从 1998 年腾讯诞生到 2018 年，腾讯经历了二十年的风风雨雨，这其中有成功，有失败，有幸运，也有无奈。坎坎坷坷、曲曲折折，一路走来，腾讯可谓九死一生。

如今，腾讯开发出来的 QQ 和微信已经成了人们日常生活中必不可少的社交软件，腾讯也从曾经的危机之中闯了出来，经过多年的发展，现已占据了互联网界的半壁江山。

与此同时，腾讯公司还积累了丰厚的资金，具有了一定的社会价值和国际地位。而作为腾讯重要创始人之一的马化腾，不但拥有了可观的个人财富，还为中国互联网的发展以及中国的公益事业做出了自己应有的贡献，实现了个人的社会价值。

马化腾是腾讯的当家者，同时也是腾讯的精神领袖，他低调、内敛，不善言语，不喜欢曝光在镁光灯下，极少接受媒体的采访。更多时候，写代码出身的他只专注于他的产品，从不愿过多地提及个人生活。尽管“江湖”上关于他的传闻有很多，但很少有人能真正走近这位“QQ之父”。

很多人都说马化腾为人低调，做事高调，总是希望把精力和心血投人工作中。其实，这很符合马化腾的个性，作为腾讯的当家者，他只愿世人记住他的产品，而不是他的名字。

如今，腾讯已经成为互联网界的翘楚，有人曾称它是世界第三，中国第一。

那么，腾讯为什么如此强？马化腾到底是怎样创造出这个颠覆世界的互联网公司的呢？马化腾到底是一个怎样的人？他在创立腾讯的时候到底经历了什么？他又是怎样带领腾讯渡过一个又一个难关并使腾讯不断发展壮大的呢？

这些问题一直都是世人希望知道和看到的，这些问题的答案在本书中都能找到。本书从多个方面人手，带您近距离地了解马化腾，以及他的腾讯帝国。

有为少年 成长之路

第二章 润迅经历 受益终身

第三章 腾讯公司 初具雏形

第六章
打开格局 迎接未来

第七章
立足当下 服务社会

第八章

重视人才 智谋高远

附录一

附录三

第一章

有为少年 成长之路

长于海南，潮汕之家出麒麟

1971 年 10 月 29 日，马化腾出生在海南岛东方市八所港，那时他的父母都在八所港港务局工作。马化腾的祖籍是广东省汕头市潮南区，在他上面，还有一个姐姐，他的出生，给这个潮汕家庭带来了无限的欢喜。

对于这个家庭中第一个出生的男婴，他的父母只是感到脸上更有光彩，亦填补了他们心里的缺憾。然而，这时的他们还不曾想到，这个男孩，在二三十年后，能够在中国改革开放的最前沿城市深圳，通过互联网掀起一场“社交大战”，改变了人们的生活方式。

这个男孩，就是现任腾讯公司控股董事会主席兼首席执行官：马化腾。

小时候的马化腾，不像别的男孩儿那样闹腾，他安静内向，甚至羞涩如女孩儿。而他的这种性格，也一直持续到现在。据说至今，在腾讯内部联欢会上，马化腾拥抱女员工时还会脸红，这让其他员工都觉得特别有意思。

也许，正是因为这种自小就内向的理工男的性格，马化腾才会有兴致静下心来潜心琢磨如蝌蚪般的计算机程序代码，才会专注于思考和解决问题而鲜少在媒体上抛头露面，而这些也是腾讯日后能够经得住大风大浪的重要因素之一。

马化腾的童年和少年时期，都是在海南东方市度过的。东方市是海南西南部的新兴滨海工业新城和经济中心，那里空气纯净，环境优美，珍奇树木品种众多，是海南岛第三大真正意义上的滨海城区。市区驻地八所镇，市内有著名港口八所港，马化腾的父亲马陈术就职的交通部海南八所港务局就在这里。

在海南，东方市的方言比较复杂。闽南语因海南各市县人的口音不同而有所差别，但基本上还是相通的。同一市县中说海南话的人口音相差无几，话一出口，大致就能判断出你是哪个地方的人。就海南话而言，海口话浊，文昌话甜，定安话软，三亚话沉，琼海话婉转，澄迈话起伏，万宁话粗犷，乐东话则如快板……各有特色。

然而，东方市却是例外，因为这里没有共同的方言。其方言之多、口音之异堪称南腔北调。这里有海南话、黎话、苗话、哥隆话、军话、儋州话，还有鲜为人知的附马话和那斗话。一个小小的东方市，集中了如此多的方言，这在海南是一种奇特的现象。而马化腾，就是在这样复杂的语言环境中长大的。

海南的生活对于马化腾来说是快乐且美好的。这一点，在他创业成功后，腾讯公司与海南省政府的商业合作中，也可窥见一斑。创业成功后，马化腾曾多次回到海南，并深情回忆读书时的快乐时光，他甚至还清楚地记得上学时与同学去郊游的细节。

马化腾说，他的小学是在八所港务局子弟学校（小学部）上的，那里是海南岛的最西端，风景优美，空气清新。那时候，他家和学校都在八所港南区（宿舍区），下课后，一班同学会有说有笑地一起回家。那时候校园里非常流行《外婆的澎湖湾》这首歌，同学们总是喜欢唱着歌回家。那时港区离海边比较近，天气热了，下午的时候，大家还会结伴到海边游泳……

这样美好的时光一直持续到 1984 年，马化腾的父亲马陈术被调到深圳市航运总公司计财部任总经理。于是，当年 13 岁正在读初二的马化腾不得不随父母迁居深圳。虽然离开了海南，但是这些年的生活还是给马化腾留下了很深的印象，可以说，他对海南的感情，甚至多过祖籍地潮南。

人对童年和少年时的记忆往往都是深刻的，因为那是一个人一生中最单纯、最美好的岁月。人对于情愫这东西，亦是非常看重的，那是人内心最柔软的珍藏。海南对于马化腾来说，有着特殊的意义。后来马化腾在海南进行投资，某种程度上也是因为他对海南有感情，海南养育了他。

2015 年，马化腾就已经到过海南，与海南签署深化合作协议，在海南生态智慧新城打造腾讯众创空间升级版——“腾讯互联网 + 生态村”，还探访了落户于海南生态软件园的腾讯互娱基地和众创空间。

2018 年 2 月，腾讯与海南省政府围绕“互联网 +”“智慧岛”，签署了多项合作协议，推动智慧医疗、智慧交通、公共服务等领域的发展。马化腾说：“海南省资源丰富、风景秀丽，在发展互联网及科技产业方面很有潜力。腾讯很高兴与海南省签订深化合作的协议。我们将继续开放自身的技术资源与平台。与海南形成紧密协作关系。一起推动‘智慧岛’早日建成。”

当我们了解了马化腾与海南的渊源后，才能更清楚地理解为什么海南会成为全国首个与腾讯公司建立战略合作关系的省份。马化腾曾说：“我出生在海南，每次回到海南，就像回家一样。”

举家搬迁，深圳中学遇友人

改革开放之前，深圳还是一个百业待兴的城市。政治、经济、文化都不发达，村民大多以种菜或者捕鱼为生。那时的深圳还没有大学，也没有电视和广播、报纸，仅有的文化设施是一家二十世纪五十年代盖的剧院和一家新华书店。

那时，南方流行一首民谣："苍蝇、蚊子、沙井蚝；十室九空人离去，村里只剩老和小。"据说这首民谣是对改革开放前深圳的真实写照。当时，深圳唯一的优势就是毗邻香港，但当时香港还未回归，深圳与香港之间的往来还不是很密切，所以从总体上来说，改革开放前的深圳还是很贫穷的。

变化发生在邓小平南方谈话以后。1992 年 1 月 18 日至 2 月 21 日，邓小平南行深圳、上海等地，并发表了重要谈话。邓小平的这次南行，对中国的经济改革和社会发展起到了直接的推动作用。南行之后，改革开放的春风吹到了深圳，一夜之间，深圳像变了天地一样，农民洗脚上田，纷纷加入了这一场声势浩大的“改革战役”之中。高楼拔地而起，农田变成商铺，城市的面积也在不断扩大，各类企业纷纷入驻深圳，各种人才也纷纷涌向深圳。

借改革开放的春风，更是借全国的力量，深圳从一个渔火薄田的边陲小镇发展成欣欣向荣的现代化城市。一时间，深圳竟然成了一个“香饽饽”。

1984 年，马化腾随父母迁居深圳，当时的他正在读初二，于是被安排到与深圳大学相对应的深圳中学就读。深圳中学创建于 1947 年，是深圳的一所公办中学，已经有几十年的办学历史了。1983 年，深圳大学创办后，深圳中学于同年 6 月被定为深圳市唯一的省重点中学。

迁居深圳后的马化腾成了深圳中学的一名插班生，当时与马化腾一起转学的还有许晨晔，后来他成为腾讯的五位创始人之一。在腾讯的五位创始人中，有四位来自深圳中学，他们分别是马化腾、许晨晔、张志东和陈一丹。

马化腾和许晨晔是初二随父母转学来到深圳中学的，初中时，两个人就在同一个班；而陈一丹和张志东从初一的时候就在深圳中学读书，只是初中不在一个班。

作为省重点中学的深圳中学是深圳众多中学中的佼佼者，后来因腾讯的上述四位创始人而更加出名。在当时，他们四个人肯定也没有想到，多年以后，他们的命运会紧紧相连，并合伙创立了一个改变中国、影响世界的互联网公司。

从海南到深圳，马化腾的人生又发生了一个重大转折。这时的他必须要从海南众多的方言转战到另一个语系——粤语。由此我们也可以看出，学习语言在马化腾的人生中，也是一件有趣却又略显无奈的事情。当然，从学习语言这件事情上，我们也可以看出马化腾的学习能力以及适应能力是超强的。

除了上面所说的三位好朋友，最让马化腾忘不了的应该还有深圳中学校园内的凤凰木。在马化腾的好友陈一丹的记忆里，凤凰木是每一个深圳中学的人不会忘却的记忆。在深圳中学，小伙伴们最爱玩的游戏是：拍花瓣、揉花萼、捡果荚、收藏种子。每当凤凰花和凤凰叶凋零的时候，马化腾和同学们就会轮流值日，清理掉落的树叶和落花。可以说，凤凰花和凤凰木成了马化腾和他的伙伴们在初中时最美好的回忆，一直到现在，他们都没有忘记。

初中的学习和生活悠然，但高中的学习和生活则大相径庭。到了高中，马化腾有了考大学的目标，所以从高一开始，他就在无形中给自己施加着压力，且这种压力逐年递增。而同学们日常生活的主题，也都是围绕着学习展开，这就使得生活有些单调了。

不过，在紧张的学习氛围里，偶尔的轻松还是有的。比如，马化腾经常在午休的空档时间里和陈一丹互相竞赛背英文成语、背圆周率，将圆周率一直背到了100位。直到现在，腾讯创始人聚会的时候，马化腾和他的伙伴们还会即兴接力背圆周率。

改变志向，深圳大学定未来

在高考之前，马化腾的兴趣主要在天文学方面。他曾经回忆说，自己原来是准备走天文学这条路的，因为自己经常会思考与自然科学有关的东西，也喜欢搞一些奇特的研究。1986 年的时候，他还去观测哈雷彗星回归，并用学校的器材拍摄了一些彗星的照片。

马化腾是当时深圳中学第一个找到哈雷彗星的学生，还为此写了观测报告，得到了几十块钱的奖励。不仅如此，他还得到了参加观测比赛的机会，但因为当时要准备考高中了，到海南的观测就没有去成。

1989 年 7 月 7 日至 9 日，经过三天的拼搏，马化腾考出了 739 分（满分 900 分）的高分，高出重点线 100 多分。按这个成绩，他本来是可以选择清华大学抑或是复旦大学的，但因为种种原因，马化腾没有选择报外省的学校，也没有学习天文学。

高考前，马化腾了解到，只有南京大学有天文系，他又咨询了老师，“天文系毕业后如何就业？”老师告诉他：“能去天文台工作的人很少，很多都是去当地理老师。”马化腾一听，觉得当老师并不是他理想的选择，地理与天文也有着很大的区别，于是，他开始重新考虑自己的职业选择。

当时的深圳大学作为深圳特区唯一的一所大学，得到中央和地方的高度重视。在最初的学校学科建设中，由清华大学援建电子、建筑类学科，北京大学援建中文、外语类学科，中国人民大学援建经济、法律类学科。在当时，深圳大学最有实力的两个系是计算机系和建筑系。

虽然刚刚开始改革开放，但是深圳的发展速度非常惊人。马化腾的父母非常看重家中唯一的男孩子，他们不希望马化腾远行。最后，从小就比较务实的马化腾觉得，天文学太遥远了，还是学些比较实用的技术吧，况且南京大学离家又那么远……于是，马化腾最终选择了深圳大学的计算机专业。

对于马化腾选择深圳大学的决定，有人表示很不理解。要知道，当时能上清华或者复旦，这对以后的人生之路帮助可能会更大一些。毕竟，名牌大学的学历在当时可是一块金砖。

然而，对于学历，马化腾却有自己的一番理解。在创建腾讯之后，他曾经给一位在腾讯做设计师，但是大学没有毕业的员工的回信中这样说：

设计工作比较专业化，如果你觉得目前的工作能让你快速成长，不仅是专业水平，更是成熟程度、协作能力以及管理能力有很大潜力能提升的话，那学历不会是一个太大的问题，有的人只有中专学历一样能赢得大家敬重和认可。但是如果你觉得人生之中还是需要有一段完整的大学经历才不会后悔的话，继续回去完成学业也是一个很好的选择，毕竟有能力也不怕找不到工作。我不知道你现在的水平和考核在团队中是如何，如果是优秀级别，我相信，你可以先在腾讯挂上号，将来再回来应该是没有问题的。当然这一切要看自己的选择，也听听家里的意见吧。

在大学期间，马化腾并不是特别聪明的学生，但是他的成绩一直在前五名内，他说自己靠的是“用最笨的方式去领悟——用抄代码来培养感觉”，并渐渐地在编写软件和研究计算机网络中体会到了乐趣。

同样，在学校的编程小团队中，马化腾的技术也不是最强的，他也不是团队中核心的人物，但是他看问题比较中立，总能找到一些与自己互补的伙伴来共同做成一件事情，并且他会尊重比他强的人的意见。这样的性格，也是他日后能够创立腾讯的重要前提条件。

我们都知道，创业并不是一个人就能完成的事情，它需要团队合作。一个人，如果你既想创业又不想与人合作，那么可想而知，这个企业走不远。一个人的性格决定了他的命运，而一个人的心胸则反映了他的格局。

在深圳大学的求学之路上，马化腾只是专注于做好自己当下应该做的事，而并没有想到以后要做成一件多么伟大的事情，也没有想到自己将来做出的东西能够影响到中国人的生活。但是一切的成功都不是偶然的，许多事情虽然说在冥冥之中已经注定，但其实也是有迹可循的。

在改革开放的大潮下，深圳更需要实用型的人才。这样的环境，再加上马化腾自身的性格，他的实用理念在毕业之前就已显露苗头。

开明父亲，成长之初启蒙者

都说父母是孩子最好的老师。一个人的成长，离不开家庭氛围的熏陶和父母的教育，马化腾的父亲马陈术则是少年时期对马化腾影响最大的一个人。

马陈术，1940 年生，党员，中专学历。中专，现在我们可能会觉得不算是高学历，可是在二十世纪五六十年代，中专生就算是一个高学历的人了。中专毕业后，马陈术被分配到交通部海南八所港务局当会计。我们都知道，干会计的人不仅需要有专业的知识，还要有沉稳、精明、耐心、细致的性格，而这些特点也都在马陈术的身上得到了体现。

从会计员到统计员、计划科科长、副局长，深圳市航运总公司计财部总经理，深圳市盐田港建设指挥部副总指挥，深圳市盐田港集团有限公司副总经理，最后当选为盐田港上市公司的董事，马陈术实现了从工到商身份的转变。而正是这样一位一路稳扎稳打又大胆务实的父亲在后来成了马化腾毕生学习的榜样。

我们从马化腾后来的商业生涯中，其实可以看出他为人处世的风格在很大程度上都是受到了父亲马陈术的影响。相比别的孩子，马化腾其实是比较幸运的，在那个吃不饱穿不暖的年代，他不仅可以衣食无忧，同时，他的思想和眼界也变得更加开阔。

马陈术曾在接受采访时说，小时候的马化腾勤奋好学，对天文学非常着迷。虽然那时他们在海南的生活条件并不算很好，但是他还是会为儿子订几份报刊，这其中就包括《天文爱好者》这份杂志。当时他的工资并不高，每月只有四十块钱，但为了孩子的爱好，他还是挤出了这些钱。

另外，马化腾对阅读的痴迷也让马陈术很是惊喜。马陈术回忆说："马化腾大约 10 岁的时候，有一天在邻居家看到一本书，就一直蹲在那看，到吃饭的时候也不记得回家，害得家人找了半天。"即使是这样，马陈术也没有责骂孩子。

在中国传统的家庭教育中，父亲总是扮演着一位严父的角色，但是马陈术说："马化腾从小就比较懂事，也很少有叛逆的时候，即使有时候他不高兴，也很少表现出来，他更愿意用文字来表达自己的思想。"

马陈术说："刚搬到深圳的时候，马化腾迷上天文，想要一架望远镜，可是当时一架望远镜需要 900 元，这远远超过了我们夫妻俩可以承受的范围，我没有答应他的要求。”

可是很快，马陈术就改变了态度。因为妻子在儿子的日记中看到了这样一段话：“我想买个天文望远镜，但爸妈不让，未来一代科学家就这样被爸妈扼杀了！”看到这句话后，马陈术觉得这事儿非同小可，有可能会影响到儿子的心理健康和未来的发展。于是夫妻俩四处借钱，终于为马化腾买回来他喜爱的那架天文望远镜。

马陈术的这种做法很值得我们现在的父母借鉴，当孩子的需求与家庭的经济能力相悖的时候，父母不应该片面地否定孩子的要求，应该慎重地考虑孩子的想法，以免扼杀孩子对这个世界的渴望和好奇。

长大以后的马化腾，其实也继承了他父亲的这种开明、豁达的心胸。腾讯成立之初，马化腾作为最大的股东，把自己的股份定为 47.5%，其他四位股东所占的比例达到 52.5%，也就是说，马化腾并没有把自己放在一个“独裁者”的位置上，他希望能够给予合作伙伴更多的权力和尊重。

马化腾愿意自己吃一点亏，来换回别人的信任，赢得伙伴们的尊重。这一点，不管是在成长的路上还是创业的路上，马陈术都不愧是马化腾最好的老师！

学习榜样，怪才师兄史玉柱

深圳大学创办于 1983 年，到现在已有三十多年的历史了。三十多年以来，深圳大学出了两位商业奇才，一个是腾讯马化腾，另一个是“巨人”史玉柱。

史玉柱，1989 年从深圳大学研究生院毕业，获软件科学硕士学位。在史玉柱毕业的时候，马化腾还没有报考深圳大学，所以史玉柱算是马化腾的师兄。然而，等马化腾毕业的时候，史玉柱已经在商界声名鹊起了。

1962 年出生的史玉柱，从小就显露出过人的天资，他曾制作出炸药，这在当时可是个“惊天事件”，他不仅胆子大，而且“点子”特别多。1980 年，史玉柱以安徽怀远县总分第一的成绩考上浙江大学数学系，是同学眼中的“学霸”“怪才”。

史玉柱大学毕业后，被分配到安徽统计局工作，端起了让无数人羡慕的铁饭碗。然而，个性要强的史玉柱受不了那种中规中矩、朝九晚五的生活，很快，他便又考进深圳大学研究生院，继续攻读数学系。1989 年 1 月，史玉柱从深圳大学毕业，随即下海创业。

有人曾问：“史玉柱，大学和研究生念的都是数学，为什么后来却以软件起家呢？”其实，在当时的那个年代，根本就没有软件这门课程，我国的第一代软件人员大多都是从物理学或者数学的学科上转来的，这是因为，软件开发这门学科基本就是物理学和数学结合，升华后的一门学科。

软件开发的基本原理就是数学逻辑和物理学原理的相结合。一个人如果精通这两门课程，那么，他转行到软件开发行业就相对容易得多。史玉柱大学读的就是数学系，因此，他后来转行做软件开发，也就不足为奇了。其实，早在上大学的时候，史玉柱就开始接触网络，是中国较早的一批网民之一。

1991 年，史玉柱成立巨人公司，推出汉卡软件和“M － 6403 桌面排版印刷”软盘。史玉柱是个营销天才，刚创业的时候，他的资金周转不开，在艰难的条件下，史玉柱想到了“赊”的营销方式。为了买到最便宜的电脑，他向供销商提出，先把电脑给他用，半个月后，他以加 1000 元的方式再把钱还给供销商。

半个月就能多挣 1000 元，在当时这可是一笔不小的收入呢，供销商自然答应。于是，史玉柱用这台电脑起家，开发产品。之后他以同样的营销方式向报纸推销自己的汉卡软件和“M－6403桌面排版印刷”软盘，很快，他就挣得了人生的第一桶金。

后来，史玉柱因为不断加高巨人大厦致使资金链断层，情急之下，他把保健品行业的资金调过来帮助巨人大厦。后来，保健品因缺乏资金和管理不善致使业绩下滑，巨人大厦也成了烂尾楼，史玉柱因此欠下了2亿多元的债务。不过，史玉柱并没有申请破产，两年后“送礼就送脑白金”的广告标志着史玉柱重出江湖。这一次，他利用电视广告这一媒介，让脑白金走进了千家万户，成为那个年代人们送礼时最先想到的物品。

然而，就在保健品重新走入轨道的时候，史玉柱又突然转战网络游戏。因为史玉柱自己也是非常喜欢玩游戏的，所以当盛大的一批研究人员出来寻找投资的时候，史玉柱毅然决然地为他们提供了2000万元的资金，并把这批人才网罗到自己旗下，之后，他成功开发出了网络游戏《征途》。

擅长营销的史玉柱以“农村包围城市”的战术让《征途》迅速占领市场，并在中央电视台投放形象广告，成为中国首家上央视打广告的网络游戏运营商。此时，史玉柱的名字也因他一波三折的人生经历而被国人熟知，他也被人们称为“怪才”“奇才”和“赌徒”。

而关于史玉柱的故事，马化腾在深圳大学上学的时候就已经听说过了，特别是史玉柱对网络和编程的热爱，影响了马化腾。据说，当年的史玉柱非常善于编写程序，刚成立公司的时候，全公司只有四个人，史玉柱一个人全权负责编写文字处理软件，编写的代码数竟然达到50万行。

单单这一项，就足够让马化腾对史玉柱顶礼膜拜了。

深圳大学校园靠近海边，环境优美，到处都种植着荔枝树。虽然学术氛围不是很浓厚，但是教学制度很独特。而且，深圳地处改革开放的前沿，学校每年都会邀请成功的企业家到学校做报告、演讲，马化腾听说，当年史玉柱就是听了四通集团总裁万润南在深圳大学的一次讲座之后，认定未来中国的市场经济将是主流。所以，史玉柱才决定毕业后直接“下海”。

深圳大学流传的这些关于史玉柱创业的故事，都或直接或间接地“闯”入了马化腾的耳朵，并且在他的脑海里打下了深刻的烙印。虽然那个时候的马化腾还没有创业的想法，但是他同样仰慕这位“高高在上”的师兄，觉得他是那样的遥不可及。

然而，榜样的力量是无处不在的，它就像氧气一样，时时滋养着人的心灵。在当时的深圳大学，史玉柱就是这样的“氧气”，它弥漫在校园的每一个角落，成为深圳大学学子们学习的榜样。

不过，与营销天才史玉柱相比，内敛的马化腾并没有过度地表现自己，在学校的时候，他踏实地学好自己的专业，并在学习的过程中逐渐爱上了编程，为以后创办腾讯打下了良好的基础。

润迅经历　受益终身

第　二　章

初出茅庐，炒股市场大获利

后来的马化腾之所以能走上创业的道路，一方面是潮汕人特有的经商天赋使然，另一方面是受深圳改革开放大环境的影响。马化腾在大学的时候，学习成绩经常名列前茅，而且在编写软件方面，他也渐渐找到了兴趣。

平时的马化腾不善言语，可是，在计算机方面，他总是能找到属于自己的乐趣。据说，在大学的时候，马化腾经常做一些恶作剧，将学校计算机机房的电脑硬盘给锁住，然后，机房的管理人员常常让他去解锁，因为他是这方面的专家。

于是马化腾就借着解锁的机会跟管理员做“生意”，换取在机房多玩一会儿的时间。开始的时候，机房管理人员并不知道是他干的，时间长了，管理员才发现一切原来都是马化腾干的。

1993年，22岁的马化腾从深圳大学计算机系毕业。毕业前夕，他的作品“股票分析系统”让他获得了人生的第一桶金。那个时候，全民都开始炒股，股市异常疯狂。马化腾从中看到了门道，于是，开始构想自己的毕业作品，最后，他设计出了一套方便股民使用的“股票分析系统”。

股票分析系统做出来之后，马化腾把这个软件推销给了几家公司。不久，其中一家公司对这个软件产生了兴趣，并咨询马化腾这个软件多少钱能卖。那时的马化腾还是个学生，也没做过生意，不知道这套系统到底值多少钱，于是半做人情地让对方看着给，给多少都行。

最后，这家公司给了马化腾5万块钱。当时，马化腾和他的家人都惊呆了，他们根本没有想到，这个软件能值这么多钱！

马化腾看到自己的劳动成果变成了有实用价值的产品，他内心的兴奋和喜悦是难以言说的。运用自己的专业特长，再稍微动一下脑子，就能收获自己意想不到的惊喜，这对于年轻人来说是最好的激励。这件事之后，马化腾就像打了鸡血一样，浑身充满了创作的动力。

尝到了创作甜头的马化腾，研创欲望从此一发不可收。紧接着，他与朋友合作开发了“股票接收系统”，也就是我们前面所说的风靡一时的股霸卡，朋友负责设计硬件，他负责设计软件。“股票接收系统”可以使用户一边看电视一边实时查看股票行情，既方便又实用。

“股票接收系统”一经推出，市场销路一线飘红，最高点时，一台机器可以卖到 2000 多元。这次马化腾又从中赚了几万元，这种用自己的技术劳动换来金钱和价值的经历让马化腾感到十分开心，他甚至想，如果能一直这样做下去也挺不错的。后来，那位与马化腾合作的朋友出国了，马化腾才不得不停止制售“股票接收系统”。

不过，这两段小小的经历确实让马化腾收获良多，也让他的父母感到十分自豪。马化腾的父亲马陈术说：“他们家现在都还保留着一手提袋的配件，这些配件都是马化腾搞股票机的时候剩下的。”

在腾讯成功之后，马化腾在接受采访时曾经对自己的这一段经历做了总结，他说，现在 AI（人工智能）很火，其实早在 1993 年毕业的时候自己就经历过一波人工智能热，当时，他的毕业论文写的就是与股票分析软件相关的内容，并用神经算法人工智能预测股票的走势。现在想想当时的做法还是有点可笑的，但当时是觉得蛮有道理的。那时年轻，对新兴的事物有一股疯狂追逐的劲头。

在当时的深圳，一部分人趁着改革开放的春风，做生意发家致富，还有一部分人利用拆迁获得的钱炒股，并从中获利。1994 年，马化腾把开发软件赚到的 10 万元投入了股市中，那个时候，炒股的人大部分都能挣到钱，只是多少的问题。马化腾以每股六块多的价格，将 10 万元全部购买了深发展股，没过几天，股票价格大涨，马化腾的 10 万元很快变成 70 万元，在当时的环境下，那简直就是一笔巨款啊。

在股市获得的“巨款”，马化腾一直没有动用，存在了父母那里。因为那时他刚刚进入润迅，他觉得那里才是一片适合他的天地。那时的马化腾年轻且踌躇满志，他想在网络通信行业里实现自己的专业价值。至于股市上的获利，他只觉得那是一次刺激的冲浪，并不是自己要追求的终极目标。

换作别人，在股市中获利丰厚的情势下，肯定会再接再厉，继续炒股，但是马化腾却停止继续购买股票，毅然决然地将那些资金封存。那时，谁也不明白他到底是怎么想的，直到他准备创立腾讯，一切才有了答案。

专业奠基，发挥专长铸伟业

创业最好是从自己熟悉的行业入手，这句话说得很有道理。很多时候，行业的选择是否得当，会直接影响到事业的成败。其实，行业没有好坏之分，没有对错之分，只有适合与不适合。

我们每个人都有自己的特长和优势，创业时，必须认真分析自己的特点、找到适合自己的事业、选择自己熟悉的行业。因为当我们面对陌生行业的时候，我们需要花费很多的时间去了解它、熟悉它、深入地研究它；而当我们面对的是自己熟悉的行业的时候，我们就会花较少的时间去研究它，同时，我们还能比较清晰地知道自己的优势在哪里。

马化腾在大学里学的是计算机专业。计算机专业其实是个笼统的概念，我们都知道，会操作计算机，这只能说明是会使用一些现成的软件，不代表就掌握了计算机的精髓，毕竟计算机是一个比较复杂的东西，涉及的面非常广。而作为计算机专业的学生不仅要会使用计算机，还要学习计算机的基本结构、基本原理、基本设计、基本算法等。

计算机专业的核心课程有模拟电子技术、电路原理、数字分析、数字逻辑、计算机原理、计算机系统结构、微型计算机技术、高级语言、计算机网络、数据结构、汇编语言等。

作为计算机专业的学生，他们的责任要高于一般的使用者，因为他们要研究如何更好地设计和制造计算机，如何更好地开发计算机的新软件、新功能、新系统等。

而抄代码是学计算机的学生必须要做的事情。没有人天生就喜爱反复去做一件事情，除非是非常喜欢，可以说，很多人的兴趣和爱好都是通过后天的培养得到的。马化腾说过，其实他对天文学的兴趣多于电脑，但是因为选择了计算机作为学习的方向，他只能靠抄代码来培养感觉和兴趣。

马化腾是一个非常务实的人，他知道天文学于他而言已经成为业余爱好，既然选择了计算机，那么以后的人生路就必然要顺着这个方向去走。生活也好，事业也罢，计算机才是最能体现他个人价值的东西。

其实，在改变人们生活方式的现代科技创新企业中，有几位“大佬”都是程序员出身的：

李彦宏，毕业于北京大学，为了去美国布法罗纽约州立大学留学，他经常一边学英语一边编写程序。

周鸿祎，毕业于西安交通大学电信学院计算机系，据说刚进方正不久，他用了二十天时间，写出了2万行代码，开发出了一个新工具。

求伯君，有着“中国第一程序员”之称，毕业于中国人民解放军国防科技大学，他曾把自己关在一个房间，用将近一年半的时间成功开发出WPS1.0，填补了我国中文处理软件的空白。

雷军，武汉大学计算机系高才生，在大学里就开办了公司，加密软件、杀毒软件、财务软件以及各种实用小工具等都是出自雷军之手。

丁磊，网易创业的50万元资金，其中一部分是丁磊几年来一行一行写程序积攒下来的。

上述这些人都是网络界响当当的大人物。如今，他们在各自熟悉的行业里都做出了属于自己的一番成就。所以说，马化腾以他的专业起家，也是一个很明智的选择，至少他懂代码，他知道人们在科技时代需要什么。这或许也是他能够创业成功的一个重要原因。

马化腾毕业的时候，正是深圳改革开放热火朝天的时候，他的好多师兄都开始创业了。那时的马化腾心里也是痒痒的，他看到有师兄在帮人写软件，就跑过去问师兄这个项目怎么样，有哪些需求之类的事情。尽管马化腾对创业也有一些想法，但那时候的他还没有一点创业的基础，也没有什么社会经验，对于未来，他更多的是一片茫然。

幸运的是，不久后，马化腾在书店碰到了一位同学，那位同学正好在当时深圳最大的民营企业做寻呼台的工作。这位同学跟马化腾说他们公司正好需要一个很熟练C语言的人。听到这话，马化腾感觉机会来了，于是，他高兴地将自己以前的研究成果向同学展示了一遍，同学看完之后，觉得马化腾做的研究很不错，于是，就把马化腾带到润迅做实习生。

有了同学的引荐，马化腾顺利进入了润迅。进入润迅后，马化腾一边干着他的程序工程师的工作，一边开始了解通信行业。他在后来接受采访时说："我很早就开始做计算机和通信了，懂计算机的人不太懂通信，懂通信的人不太懂计算机，所以我刚好在这个跨界中间，创业就有了一个比较有利的条件。"

马化腾用自己的专业知识去开拓自己的人生事业，这应该是非常明智的选择了。从这一点，我们也可以看出，马化腾是一个有想法、有规划、眼光长远的人，那时，他的身上就已经具有了企业家的精神和品质，只是那时的他还处在"有才而不自知"的状态中。

在腾讯创办成功后，马化腾说，他从来没想过自己会开公司，会成为一名领导者，他觉得自己只是个技术男，发自本心地只想做出产品给大家用，就是这么简单而已。也正是由于他的这份"初心"，帮助他在未来的商路上成就了一番伟大的事业，成了互联网领域的精英人物。而“不忘初心，方得始终”，这句话用在马化腾的身上应该是再合适不过了。

站长起步，深圳“马站”人气高

当马化腾在大学选择了计算机专业之后，他的兴趣爱好就慢慢朝着计算机网络这块发展了。特别是在接触慧多网之后，他的那种热情，甚至变成了痴迷。此时的马化腾对网络计算机的喜爱一发不可收。

慧多网，是一种 BBS（一种电子信息服务系统。它向用户提供了一块公共电子白板，每个用户都可以在上面发布信息或提出看法）网络，通过电话线路来做联结，两个网络之间通过点对点的方式来转送信件。1984 年，慧多网诞生在美国，1991 年，北京有个叫 ROY 的网友架设了国内的第一个慧多网长城站，一个 MODEN（调制解调器）、一台电脑、一部电话就构成了一个站。

用户之间的联系就是靠拨电话接通服务器，服务器其实也是很简陋的电脑，接着下载 BBS 里最新的帖子，离线后看信和回信。回信通过打包的形式后，再拨号回馈上传到服务器。当时的条件和设备都十分简陋，所以慧多网算是早期互联网网站的雏形。

马化腾是中国较早接触慧多网的一批人之一。1993 年至 1998 年，慧多网盛行于中国。当时，中国还没有将真正的互联网意识普及开来，马化腾却因一些便利条件早已迷上了网络，慧多网也让他体验到了上网的乐趣。

马化腾是一个不擅长表达的人，但是，在网络里，他总是表现得异常兴奋，并能找到一种不一样的体验。可以说，刚开始接触互联网的时候，马化腾和我们现在的大多数人一样，已经“沉溺”于其中，这或许也正是他后来能够成为互联网界精英人物的重要原因。

那时，马化腾虽然年龄不大，但是网龄不是一般人能比的。这不但得益于环境，还得益于马化腾父母对儿子的支持，更得益于当时在深圳电话公司工作的马化腾的姐姐以及其他亲戚的帮助。

在当时，装一部电话就要 4000 多元的初装费，而内部员工如果要装电话可以有半价的优惠。马化腾当时正好需要装四部电话，在通信公司工作的姐姐就用公司的优惠政策帮助马化腾装了四部电话，可以说，在电话公司工作的姐姐和亲戚对马化腾最初的创业起到了一定的帮助作用。

后来，马化腾又安装了八台电脑，于是，四部电话和八台电脑支撑起了马化腾的第一份事业，马化腾也因此成为慧多网深圳站的站长。

成为站长后，马化腾每天下班回到家就扑到电脑前，忙得不可开交。久而久之，深圳“马站”的名声就在网上流传起来，但很少有人知道马站长只是个二十出头的年轻人。

在后来接受采访时，马化腾的父母说，他们夫妇都没有什么特别的爱好，但是对于儿子的兴趣爱好他们没有去干涉，因为对于他们来讲，儿女的发展才是他们的希望。

对于马化腾的父母来说，哪怕自己少吃点，少喝点，也会尽量满足儿子的愿望。在马化腾担任慧多网深圳站站长时，很多时候都是他的母亲在帮他。比如，出差的时候，他会写一张字条交给母亲，告诉她如果有网友打电话来说网络不通畅，就让母亲按着他字条上写的步骤排除故障，确保网络通畅。在马化腾的努力以及家人的帮助下，“马站”的成绩越来越突出，不仅获得网友的高度评价，还出席了第一届和第二届全国 BBS 站长大会。

慧多网不仅让马化腾看到了网络的便利，也让他结识了很多志趣相投的朋友，还让他对未来充满了希望。在马化腾众多的朋友中，网易的丁磊是他的老友之一。当时，两个人都还是打工者，但因为爱好相同，经常在一起喝酒聊天，渐渐地成了好朋友。后来，丁磊创业成功也给马化腾带来了很多启发，其中最大的启发就是：只要去做，就没有什么事情是不可能做成的。

慧多网的成功，让马化腾的心里埋下了创业的种子。但当时，马化腾还在润迅工作，对于润迅给予的空间和机会，他也是相当珍惜的。在润迅的经历，也让他明白了开发软件的意义在于实用，而不是写作者的自娱自乐。

马化腾说："许多软件技术人员往往对自己的智力非常自信，写软件只是互相攀比的一种方式，而我则希望自己写出的东西被更多的人应用，也愿意扮演一个将技术推向市场的小角色。"这种实用软件的概念不仅培养了马化腾对软件市场敏锐的触觉，也让他从中盈利不菲。他也因此相信，自己写的东西可以卖钱。

润迅历练，五年打工受益长

润迅成立于1992年，主营业务包括：通信与信息系统集成、电话商务、无线网络工程、人才服务、集群通信、多方通信、数据通信业务及多种电信增值业务。

前面提到，马化腾在1993年经同学引荐进入润迅。从当时的情况来看，润迅也属于初创公司，马化腾大学毕业后就进入润迅，也算是一个“初生牛犊”。

对于马化腾来说，当初之所以选择润迅是基于三个方面的考量：第一，是润迅的主营业务比较接近自己所学的专业；第二，是润迅的总部在深圳，马化腾看重了深圳的发展势头——短短十几年的时间，深圳已发生了翻天覆地的变化，成为改革开放的前沿阵地；第三，是自己在润迅上班，离父母比较近，方便孝顺父母。

基于这些原因，马化腾来到了润迅，成为一名软件工程师。其实，在进入润迅之前，马化腾也曾想过在路边摆摊为人组装电脑，但通过观察和实地考察后，他发现，路边摊的竞争很激烈，于是他才老老实实地去找工作。这从另一方面也说明，当时的马化腾其实还是有点创业意识的。

马化腾进入润迅工作后，他的三位同学张志东、陈一丹和许晨晔却选择了继续读研。可以说，腾讯的几位创始人几乎都是高学历的人，这也应该算是腾讯的一大优势了。

马化腾在润迅一干就是好几年，而其他三位同学也在毕业后分别进入了大公司，并在那里一做也是多年。腾讯创办成功之后，四位创始人都一致认为，他们在大公司的积累和锻炼是腾讯成功创立的关键。

马化腾最初在润迅的工作是使用 C 语言做网络寻呼，当时每月工资是 1100 元。在二十世纪九十年代，这样的工资算是适中的了，但马化腾曾说："我当时是不看工资多少的，只要喜欢、学有所用就很高兴了。"

从 1993 年进入润迅，到 1998 年离开润迅自己创业，马化腾在润迅一共待了五年。五年对于马化腾来说，是他这辈子最长的打工生涯。在润迅的五年，马化腾得到了很好的锻炼，也积累了很多的经验。当时，润迅的同事肯定也不会想到，当年那个年轻的"小马"会在未来的商业网络帝国中大展宏图，做出如此惊人的创举。

当年润迅的同事对于马化腾的印象大多是“当年不起眼”“没想到他会有今天的成就”这样的感慨。这其实没有什么奇怪的，人一般只对有成绩的人注目，对于同样还在打工的人是不会多加注意的。只有等到这个同样平常的人有了成就，才会后悔当初没有“慧眼识英雄”。

我们再来看一下润迅当时的情况：1992年，润迅成立的时候，老总杨军才29岁，处于人生转折期。杨军曾在深圳无线电管理委员会任职，后来成为中国非邮电系统之外的第一大寻呼台——龙飞的负责人。

在当时，想要进入寻呼业需要有两个因素：一是中继线，二是频段。邮电部管的是中继线，全国无线电管理委员会管的是频段。杨军曾经在深圳无线电管理委员会工作过，有这方面的丰富资源。正是这个机会，杨军和另一位曾在邮电系统工作过的侯东迎联手创办了润迅。

侯东迎，曾是深圳大学电话公司董事长及总经理，同时还兼职香港通信业联合会互联网服务及网上内容供应商部部长、香港理工大学电子及资讯工程系咨询委员会委员，在香港有着丰富的资源。

可以说，润迅是一个强强联手的组合。因此，润迅从创业开始就呈现出比别的公司更蓬勃的势头。马化腾进入润迅之后，开始在这股创业的浪潮中“翻滚”。虽然他只是一名工程师，但在那样的环境和氛围里，他不可避免地需要接触到各种各样的人和事。

一家快速发展的公司，能带给员工更多精神上的激励。从马化腾进入润迅到他离开的这段时间，是润迅最辉煌的时段。在润迅的那些日子，马化腾的眼界得到了开阔，企业管理的理念也得到了一定的启迪。

比如，一家规模超过十亿的公司，怎样构建和治理；在一个新兴的市场上，公司怎么样去获得自己的产业份额，如何与香港市场取得互动等，这些成为马化腾创建腾讯的宝贵经验。

提出建议，高层不解速离开

因为润迅是做综合通信服务的，所以它对于行业内信息的了解程度总是比别的行业更快、更早、更全面。1997 年，马化腾接触到了从国外传进来的一款即时通信工具——ICQ。

ICQ 是 1996 年由三个以色列人瓦迪、高德芬格和维斯格开发的一种使人与人在互联网上能够快速直接交流的软件。三人为新软件取名 ICQ，即“I SEEK YOU（我找你）”的意思。

ICQ 能够即时同你的朋友和同事在互联网上连接、交流，并且用户可以创建属于自己的 ICQ 主页，当你在线的时候，别人就可以访问你的主页，利用语音邮件、贺卡等 ICQ 插件发送语音邮件和贺卡，还可以利用 ICQ Email 发送、转寄和复制电子邮件等。

ICQ 一经推出，随即风靡全球。在当时，世界各国还没有即时通信工具，因此这种前所未有的创意迅速在全世界拥有了大批的用户。在当时，即使是互联网不太发达的亚洲，市场用户量也迅速达到了 70%，在中国更是占到了 80%。这款软件，像火种一样点燃了马化腾的神经，他全身的血液瞬间沸腾起来。那一刻，他似乎看到了夜空中的启明星，照亮了自己未来的道路。

马化腾不想错过这难得的机会，他立即注册了一个 ICQ 号，想亲自体验一下这项新技术带来的速度与便利。然而，在使用了一段时间后，马化腾发现了一个问题，ICQ 是英文界面，所以中国人使用 ICQ 可能就比较不方便了，因为在当时的社会环境中，能够用英文阅读沟通的人还是很少的，即使在今天，能用英文进行沟通交流的人也是有限的。

因此，如果想在中国推行英文版的 ICQ，势必会很困难。于是马化腾想，能否做个中文版的 ICQ 工具呢？这个想法源于马化腾被润迅老板杨军指派对接美国 ICQ 技术的工程师之后。

马化腾非常看好这款即时通信软件。于是，他找到老板杨军，建议由润迅自己来开发一款类似的即时通信工具。杨军随即问了马化腾两个问题：第一个问题是，你需要多少钱？第二个问题是，这个如何赚钱？对于第一个问题，马化腾回答说需要 100 万元，但对于第二个问题，马化腾没有做出回答，因为当时他自己也没有弄清楚如何赚钱。最终，杨军给了马化腾 60 万元，作为启动资金。

60 万元和 100 万元，差了将近一半的资金。从这件事情上，马化腾看到的不是资金不足的问题，而是老板对自己的不信任。也就是在这时，马化腾决定离开润迅。

据说当年，不只是杨军，润迅的高层对于马化腾所说的这个项目也不看好。有人说，如果搞这东西不赚钱又搞它做什么？没有人能看到这个项目的前景。这也难怪，对于未来，谁又能看得透？任何时候，企业家对于投资都是非常谨慎的。但也正因为未来的不可预测性，才会有更多的可能性。

人生有许多偶然，但偶然中其实又包含了必然。如果说杨军同意马化腾去做中文版的 ICQ，可能也就没有后来腾讯的问世了。高层的否定，让马化腾看到了自己在润迅的未来。虽然马化腾不善言论，但是他有着潮汕人特有的精明和执着。马化腾是一个有前瞻性的人，他觉得中国发展得这么快，能够方便快捷服务于人的东西是不可能不被人们接受的。抱着这个认知，马化腾迅速从润迅离开了。

离开润迅后，1998 年 11 月 11 日，马化腾和同学张志东创建了腾讯，随后，毕业于西安电子科技大学、就读通信专业的曾李青也进入腾讯，之后许晨晔和陈一丹也加入了进来。虽然马化腾离开了润迅，但是回首在润迅打工的那五年，马化腾的心里总是充满了感恩，他曾说：“没有润迅，也可能就没有今天的马化腾。”

遇见丁磊，没有什么不可能

还在润迅打工的时候，马化腾就认识了丁磊。后来丁磊创办了网易，他比马化腾更早成名，一度成为马化腾的榜样。

现实生活中的马化腾不善于表达，但在网络上，他可是一位热情真诚、服务周到的“马站”。早在马化腾还是“马站”的时候，由于他对计算机非常精通，经常在网上给网友们解决难题，时间一久，网友们就成了“马迷”。

一次，一位浙江宁波的网友来到深圳，约马化腾出来见面。那时，马化腾挺忙的，但还是二话不说就答应了。马化腾见的这个人，和他一样出生在 1971 年 10 月，和他一样爱好计算机，并且也是编程高手，这个人就是丁磊。丁磊，浙江宁波人，1989 年考入成都电子科技大学（原成都电讯工程学院），获工学学士学位。毕业后，丁磊被分配回家乡宁波电信局，这在很多人看来，是一份非常不错的工作，也是一个“铁饭碗”。

在宁波电信局工作的两年，作为工程师的丁磊最大的收获是学会了 Unix（一种操作系统）和电信业务。丁磊所在的单位有电脑，于是，每天晚上丁磊都要在公司待到十二点，为的就是能在单位上网。那时，他同马化腾一样，踌躇满志，一心想做一番事业。后来，丁磊成为慧多网宁波站的站长，并拥有自己的 BBS 站。也就是从那时起，他和马化腾在慧多网上认识，并很快成了好友。

接触过 Internet（因特网）并深受其影响的丁磊向自己的总工建议在本局开展信息服务业务，但是等了很长一段时间，也没有等来回复。无奈之下，丁磊决定辞职。丁磊放弃“铁饭碗”的决定让全家人都很不理解，一家人轮番上阵对其进行劝解，但都没起作用。当时的丁磊已经决定遵从自己的内心，离职寻求更好的发展。

离开电信局后，丁磊南下广州，先后在两家公司任职，但都不得志。在这样的情况下，丁磊决定去深圳找马化腾。在深圳，马化腾请丁磊吃饭，饭桌上，两人一见如故。其实，在网上，两人已经聊了很多，但是见面让两人感觉更为亲近了。两个人一边喝着啤酒，一边说着内心最真实的想法。

这个时候，两个年轻人都有种相见恨晚的感觉。两个人有着共同的爱好，共同的梦想，有着说不完的话，但同时，两人又有着无处排解的忧伤——壮志未酬。从这之后，丁磊时不时地就会去找马化腾喝酒聊天，慢慢地，丁磊将创业的想法告诉了马化腾。不久之后，丁磊就将自己的想法付诸行动，创办了网易。

1997 年 5 月，丁磊创办网易，创办网易的注册资金是 50 万元，这 50 万元，一部分是丁磊向朋友借的，另一部分是丁磊几年来一行一行写程序积攒下来的。那年，丁磊只有 26 岁，年轻、有活力、敢想敢干，他大胆使用了 163 来注册一个域名，并一举成功。网易创办成功后，以迅雷不及掩耳之势席卷了中国的互联网，特别是 163 免费邮箱的推出，更是深受广大网民的追捧。

丁磊的成功，给了马化腾很大的启发。作为同龄人、作为同样有梦想的年轻人，马化腾从丁磊身上看到了自己的未来，丁磊创业的成功也是马化腾下决心自己创业的一个动力。

中国有句老话：不入虎穴，焉得虎子。很多时候，创业就是一个“穴”，是一个未知的空间。因为未知，所以大多数人是胆怯的、是恐惧的，只有小部分人有勇气去探索。但很多时候，往往也只有具有这样勇气的人才能把“虎子”擒回来，实现自己人生的价值。

马化腾说：“通过丁磊，他知道没有什么事是不可能的。”丁磊能做的事，他马化腾也同样能做，他所差的，也就是那迈出来的勇气而已。因此，当润迅的高层否定了他引进 ICQ 的建议时，当他看到丁磊的成功时，他知道，自己是时候做出决定了。多年后，马化腾回首做出决定的时刻，依然感慨万千。他感谢丁磊，也感谢润迅，如果没有这两个契机，他也绝不可能做出创业的决定。

腾讯公司　初具雏形

第　三　章

注重学习，汲取力量创立 OICQ

创业的道路上，往往是理想很“丰满”，现实很“骨感”。马化腾怀揣梦想踏上创业之路，却仍然无法明确前进的方向。当时的深圳是一个“沸腾”的城市，很多人都想去深圳走一走，看一看，感受一下其因改革开放而发生的天翻地覆的变化。

马化腾是一个非常注重学习的人，凡是能够让他有所收获的活动他都愿意去看，因为他希望能从各种各样的社会活动中汲取一些对自己有帮助的东西，并把它们当作自己创业路上的动力。

因此，创业之初的马化腾也像现在社会中的很多年轻创业者一样，喜欢听“前辈”们的演讲。搜狐创始人张朝阳的讲座是马化腾听过的演讲之一，对于听完这场演讲后的感想，马化腾本人没有做太多的解释，反倒是张朝阳曾在多个场合提起，“当初马化腾就是听了我的演讲后回去创建腾讯的”。

张朝阳，生于1964年，比马化腾大七岁，清华大学高才生，1986年清华大学毕业，同年又以全国第39名的成绩获取李政道奖学金赴美留学，后于1993年在麻省理工学院获得博士学位，并留在麻省理工学院继续读博士后。

张朝阳是较早接触互联网，并把互联网从美国带回中国的网络先驱者之一。很多人都称马云为“中国互联网教父”，但马云一直否认这个称呼，他认为这个称呼应该属于张朝阳，认为张朝阳才是中国互联网第一人。事实上，称张朝阳为“中国互联网教父”也是有据可依的，因为他开办了中国第一家互联网公司，也就是搜狐的前身——爱特信。

1994年，张朝阳在美国担任MIT（麻省理工学院）亚太地区（中国）联络负责人，1995年年底，张朝阳回到中国担任美国ISI（美国科学信息研究所）公司驻中国的首席代表，这时的他已经有了创建属于自己的互联网公司的意识了。

1996年，张朝阳在MIT斯隆商学院爱德华·罗伯特教授和MIT媒体实验室主任尼古拉斯·尼葛洛庞帝教授的风险投资支持下，创建了爱特信公司。爱特信成为中国第一家用风险投资资金建立的互联网公司。

1998年2月，爱特信首次正式推出搜狐产品，并把公司更名为搜狐。张朝阳一战成名，在当时的大街小巷，他的名字如今天的马云和马化腾一样响亮。所以 1999 年张朝阳去深圳做演讲的时候，马化腾挤进了满是听众的会场，就是想现场聆听张朝阳的演讲。

那时的张朝阳，年轻、张扬、富有激情，他的学历以及海外工作背景使得他被很多人追崇。此外，他时尚的装束、超前的思维、西化的气质，对那时的互联网人有着强烈的冲击。作为在互联网上第一个吃螃蟹的人，他成为包括马化腾在内的无数创业人的“偶像”。在那场演讲会上，马化腾看到的是一个充满个性、充满斗志、出口成章，且言词闪烁着智慧光芒的创业者的形象。

而对于马化腾来说，他缺少的就是张朝阳身上的那股冲劲和激情。在 1998 年离开润迅的时候，马化腾只是想把即时通信工具做出来，供人们使用，那时的他，还不能确定自己未来的道路应该怎样走。但是，张朝阳的到来，在某种程度上来说，也确实给了马化腾无限的动力。

台上的张朝阳是激情满满的，台下的马化腾也是斗志昂扬的。只是，不同的地方在于，张朝阳是外放的，而马化腾是内敛的。马化腾深知自己的性格与张朝阳不同，但这并不妨碍他汲取张朝阳的成功之道。据说，在听了张朝阳的演讲后，马化腾回到公司，经过几天几夜与几个合作伙伴的激烈讨论，最后才做出了 OICQ（是一款基于 Internet 的免费网络寻呼软件，即 QQ）。

同学协助，团队组合初建成

离开润迅之后，马化腾找到了自己的同学张志东，两人通过一番商讨决定把类似于 ICQ 的即时通信软件做出来。为什么马化腾会首先找到张志东？因为张志东和马化腾在深圳大学读书时就是“死党”，且在计算机方面都比较有研究。在深圳大学时，张志东和马化腾在计算机领域的能力都属于拔尖的，但张志东的能力更强一些。

其实，张志东的长相很普通，椭圆形的脸，个子也不是很高，站在人群中也没有太高的辨识度，但就是这样的一个人，却让马化腾特别佩服。张志东性格随和，极易与人相处，这也是马化腾看重的一点；另外一点是，张志东在计算机方面的技术过硬，即使放在整个深圳的计算机圈子中，也很难再找出一个像张志东这样的好手来。

在选择创业的合伙人方面，马化腾心里也很明白，他和张志东两个人都属于技术型的人才，把产品做出来是他们的强项，但如果要创建一个公司，只靠他们是远远不够的，还需要有管理和营销方面的人才加入才行。因此，当马化腾和张志东联手创办公司一个月以后，他们又迎来了曾李青的加入。曾李青的到来，让马化腾和张志东研发出来的东西有了更多面向市场的机会。

曾李青，毕业于西安电子科技大学，学习的专业是通信，毕业后被分配到深圳电信数据分局工作。曾李青是深圳互联网较早的推动者之一，也是深圳第一个宽带小区的推动者，他所主持的“宽带小区”项目，让很多人看到了他在计算机通信方面的才能。

“宽带小区”项目，主要是曾李青先购买设备，然后加价卖给地产商。在当时，地产商要的价格是 120 万元，而电信设备提供商提供的价格也是 120 万元，这就使得电信数据分局基本上就没有盈利的空间了。因此，“宽带小区”项目差点儿夭折。

后来，曾李青找来相关部门的负责人，重新做出了更加详细的预算。结果，他们一致认为，如果各方面统筹得好，原来预算 120 万元的设备完全可以用 80 万元拿下。就这样，曾李青用他特有的“期货”的方式，做成了“宽带小区”的项目。

曾李青的到来，让马化腾的团队多了一个市场奇才。在拥有了技术人才的基础上，马化腾又有了扩展市场的人才，这对他的创业来说，无疑是锦上添花。且曾李青属于实干型人才，没有架子，在一次开会现场中，因为网络中断，会议无法正常进行下去，曾李青亲自钻到桌子底下解决了网络问题。

马化腾、张志东和曾李青三人就成立公司开了一次碰头会。会上，三人做了简单的分工：马化腾主要负责战略和产品，张志东负责技术，曾李青负责市场。三人各司其职，互相配合。

有意思的一点是，马化腾虽然是腾讯的老板，却总被认为是曾李青的秘书。因为，曾李青不仅着装讲究，身材魁梧，还擅长沟通。每次两人一起出现的时候，曾李青总是出口不凡，马化腾则总是“沉默是金”。对于大家的说法，马化腾也从不辩解。

有了技术，有了市场，好像还不够。马化腾在润迅的日子里，也多少了解到了怎么样构建一个团队、知道一个团队到底需要什么样的人才。因此，后来，他又拉来了深圳大学的同学许晨晔和深圳中学的同学陈一丹。

许晨晔，深圳大学毕业后又考取了南京大学计算机应用专业的研究生，毕业后进入了深圳电信数据分局工作。许晨晔为人随和，专业知识深厚，从不轻易表露自己的观点，但只要每次发言，必切中要害。

陈一丹，马化腾在深圳中学时的同学，在深圳大学时学习的专业是化学，毕业后到深圳出入境检验检疫局工作，后考取南京大学经济专业硕士，拥有律师资格证。陈一丹做事严谨细致，充满激情，他既能带领团队又能处理事务性的工作，是非常难得的复合型人才。

最初，许晨晔和陈一丹是兼职，可即使兼职，也使马化腾的团队成了各有专长的创业组合，而这在当时的许多创业团队中是很少能看见的。

团队组建完毕，类似ICQ的即时通信工具也在紧锣密鼓的研发中，一个影响世人的新的生活方式也在悄然破土而出。

父母协力，腾讯公司终定名

马化腾和他的伙伴们组成创业团队后，要做的第一件事就是给公司起名。谁都知道，一个好的名字对于公司来说是十分重要的，特别是拥有庞大用户群的互联网公司，更需要一个简单易记、易于传播且具有丰富含义的好名字。好的公司名字能够迅速产生品牌效应，百度、当当网、阿里巴巴、搜狐等网络公司的名字，都是简洁易记的。

马云曾说："因为当初自己想做一家有 80 年历史的，能够影响全世界的互联网公司，因此想到了'阿里巴巴'这个词。我知道全世界的人都对这个名字不陌生，这个名字非常适合世界级互联网公司。"

在创业这件事上，马化腾得到了父母的支持，对于为公司起名字这件事，他更是期望父亲马陈术能够为他出谋划策。马陈术总归是“老江湖”，在深圳商界摸爬滚打多年，多少有一些人脉。所以，在马化腾创建公司这个事儿上，马陈术跑前跑后，不仅帮助马化腾注册公司，就连公司的名字，最后也是马陈术拍板定下来的。

马化腾和他的团队最初也设想了几个名字：飞讯、捷迅、腾讯、网讯等。“讯”是事先拟定的，代表着信息、通信的含义，同时也代表了公司的未来发展方向——第一时间向用户表明公司的性质。

马陈术特别中意“腾讯”这个名字，他觉得这个名字的含义非常好。一是寓意“万马奔腾的信息时代”；二是“腾”字除了上面的含义之外，还有儿子马化腾的名字在里面；三是“讯”代表了信息万变的时代，意思与公司的经营性质相近。

但据说，马化腾对于“腾讯”这个名字倒不是很赞同，这可能跟他的为人有关系。马化腾为人低调，不想用自己的名字来代表公司，无奈注册时其他三个名字都被别人注册过了，他最后只能接受“腾讯”这个名字。最终，“腾讯”被马陈术用 50 万元注册成功。

在设置“腾讯”英文名 Tencent 的时候，马化腾和他的团队是参考朗讯（Lucent）而起的，毕竟朗讯是当时非常著名的公司。腾讯后来在香港上市的时候，香港人称 Tencent 为“十分钱”（ten cent），刚好那个时候腾讯是家 SP（短信内容提供商）公司，腾讯收取用户所发的短信服务费是一毛钱一条，正好是“十分钱”。

作为腾讯的创始人，马化腾并不是它的第一任董事长，他的母亲黄惠卿才是。当时国家有规定，注册公司时必须要有退休证或待业证，而这两样马化腾都没有，而他的母亲刚好退休，于是，马陈术和家人商量后，决定用妻子黄惠卿和自己妹夫的名义注册。黄惠卿名义上拥有 60% 的股份，成了董事长。1999 年风险投资进入时，黄惠卿才将股份完全转让给马化腾。

行文至此，我们不免会觉得马化腾太幸运了，因为他不仅有一个好父亲，还有一个好母亲。和一般创业的年轻人不同，马化腾的父亲马陈术为他提供了太多的帮助。而对于“幸运”二字，马化腾也有过解释，他说：“初期运气占得比较重，至少 70%，但是 2001 年之后，主要还是靠自己。我也没有什么特别幸运的事，不幸的东西也挺多的，就是自己要去扛，自己想办法，后期要靠自己。”

好的起点很重要，但是，后续的努力和拼搏更不容忽视。父母的帮助只是一个起点，如何让腾讯成为一个能够立足于世，能够按照马化腾所设想的那样做出一款像 ICQ 一样的能给人提供方便的即时通信工具，或者说研发出更具实用性的产品来，则是一个未知的历程。而这个历程，充满了艰辛和变数，父母再也帮不了他，一切的一切只能由马化腾和他的团队去承受、去面对。

对于腾讯的成功，马化腾不仅有很多的感恩之情，还有很多的感慨。对自己的创业经历马化腾也曾这样总结：每走一步，都如履薄冰。

五人创业，困境更系一条心

1998年的那个冬天，五个年轻人因为梦想最终走在了一起，深圳市腾讯计算机系统有限公司正式成立。创业之前，五个人其实都还拥有不错的工作，可以说，其他四个人，都是冲着马化腾而来的，这也证明了马化腾具有不错的人格魅力。

当一个人能够得到别人的信任与支持的时候，其实他离成功已经很近了。在网络上，人与人之间都是不认识的，因此，需要一个名字来代替。腾讯的五个创始人，在QQ（那时还叫OICQ）上用数字来做自己的代号：马化腾的代号是10001，张志东是10002，曾李青是10003，许晨晔是10004，陈一丹是10005。

合作创业最害怕的就是权力之争。为了避免这种情况发生，五个人约定：各管一摊，各展所长，在自己的职权范围内做到最好。他们实施了这样的分工：马化腾是CEO(首席执行官)，张志东是CTO(首席技术官)，曾李青是COO(首席运营官)，许晨晔是CIO(首席信息官)，陈一丹是CAO(首席行政官)。从这样的安排中，我们也不难看出，马化腾在创业最初的安排中，已经显示出了他工程师的特质：理性、清晰、周密。

刚开始的时候，OICQ并不赚钱，并且还经历了几次“流产”。尽管这样，马化腾还是坚持了下来，因为他看到了OICQ背后巨大的商业价值，纵使多次失败，他还是愿意投入热情，继续做下去。

在当时，和OICQ一起问世的即时通信工具有很多，但只有OICQ存活了下来，这主要得益于马化腾那种不服输的精神。有了马化腾的带头，其他四个人也从不放弃，虽然面临诸多困难，但他们还是团结在一起，共渡难关。

第一次难关发生在2000年元旦前夜。那时，寻呼台上“千年虫”现世，而腾讯则负责解决这个问题。当天，马化腾有事离开公司，张志东和另一位同事值班，他们一直在公司守着，直到晚上八点多才出去吃饭。

让人始料不及的是，那一夜的深圳大街，人头攒动，车辆川流不息。眼前的景象让张志东和同事顿时傻了眼，人流中，他们两个人几乎是寸步难行，不到一公里的路程，他们居然挤了两个多小时。

等他们回到公司的时候，“千年虫”已经“遍地开花”了。虽然马化腾正好在电脑前，但一个人的力量终究是薄弱的。后来，张志东和同事回来后，赶紧加入“作战”，修复系统，解决问题，一直忙到凌晨两三点。可是，由于“千年虫”的危害非常大，很多用户都遭受到了损失，腾讯也因此受到了用户的质疑和声讨。

这个事件之后，马化腾和他的伙伴们更加明白了团结的重要性，他们更深刻地知道了集体的力量才是强大的。

在人们的心目中，理工男的形象通常都是内向、羞涩、没有情趣、不解风情的。但是，现在科技越来越发达了，理工男的形象随之也在慢慢发生着转变，他们中的很多人都成了创富高手、酷男，成了掌握高科技行为方式和拥有高智商的生活达人。他们解构谣言、更新应用、科普常识，提供理性、真实、秩序、逻辑，给人们带来了更多的美感。

很多互联网创业的成功人士，大多都是理科出身。可以说，理智的头脑是他们创业成功的关键。马化腾所招募的其他四位创业伙伴，也同样是理科出身，而出身工程师的马化腾是这种合作框架的理性设计者，他的人事安排在腾讯创办成功后也证明了其设置的合理性。

马化腾的创业团队应该算得上创业者的“楷模”，因为创业十多年来，五个人的创始团队基本上还保持着不离不弃的合作阵形，其中四人还奋战在公司一线，这对于腾讯这个迅速壮大的企业来说，是十分不容易的。

对于股份构成，马化腾是这样设置的：自己出资 23.75 万元，占股份的 47.5%；张志东出 10 万元，占股份的 20%；曾李青出 6.25 万元，占股份的 12.5%；许晨晔和陈一丹各出 5 万元，各占股份的 10%，总资产合起来正好 50 万元。

马化腾自愿把所占股份降到一半以下，主要是不想形成一种独裁、垄断的局面，但同时，他又一定要出主要资金、占大股，因为只有这样，公司才能有一个主心骨，不然股份平分，肯定就会出问题。

团队架构有了之后，接下来怎样推出产品也就成了首要的大事。马化腾最早借鉴 ICQ 设计的是即时通信工具 OICQ，他创业的目标就是想将这种方便快捷的通信工具推广到国人的日常生活中。

假装妹子，“陪聊”只为活市场

“腾讯”二字有腾飞之意，但在创办初期，腾讯和大多数创业公司一样，发展极为艰难。马化腾做的是即时通信工具，那时中国还没有这样的聊天工具，也正因如此，马化腾的老东家润迅才不敢对他提的建议拍板。但是，马化腾坚持认为这个项目可行。

对于技术上的问题，马化腾丝毫不担心，而对于用户和市场，他却无法把控。那时候，腾讯内部，包括马化腾自己也对腾讯的商业模式搞不清楚，他们只是想着帮别人打工，客户需要用什么系统就帮他们开发什么系统。马化腾的团队当初的想法就是能把他们彼此的技能转化成生产力，养活腾讯，这就已经很不错了。

OICQ 问世之后，马化腾把它的受众人群定位为 15 岁至 30 岁。这个年龄层的人大多数都是学生以及刚走出校门进入社会的那一批人。当时的马化腾也正处在这个年龄阶段内，他比较了解这个年龄层人的思想、行为和做事方式，所以，他做出来的 OICQ 也比较符合这个年龄段人的需求。

OICQ 做出来后，怎么样把它推向市场，这成为摆在马化腾面前最紧要的任务。既然要面向学生，那就只能先在学校开辟战场了。为了把市场做起来，马化腾从身边的大学开始，一家一家地跑，开始是深圳大学，然后慢慢扩展到广州周边。每一个学校，每一间寝室，马化腾都曾亲自拜访过。他总是不厌其烦地向别人介绍他的 OICQ，企图让更多的人接受这个新兴的社交工具。

刚开始时，马化腾只想做到 3 万用户的试用量，可这一数字竟然也像天文数字一样遥远。马化腾跑了很多学校，说了很多好话，但效果还是不理想。尽管马化腾不断地奔走，不停地推销，但毕竟 OICQ 是一个刚刚问世的产品，很多人还是无法接受它，哪怕是那些喜欢新鲜事物的年轻人。

好不容易有用户进驻 OICQ，马化腾还要用尽浑身解数去留住用户。虽然 OICQ 是个即时聊天工具，但是毕竟没有人使用过，所以刚开始的时候，用户注册了 OICQ，却不知道这个软件怎么用。

为了让这个聊天工具“活”起来，马化腾不得不充当客服的角色，不停地在网上聊天，只要有人上线，他便立刻去打招呼，然后各种聊，最后当然是把话题扯到 OICQ 上面，然后不遗余力地向对方解释和推荐 OICQ 的各种功能。

刚开始的时候，注册 OICQ 的人以男生居多。但是，男人与男人之间能聊的话题其实是很有限的，除非能碰到志同道合、志趣相投的人。但男女之间就不同了，男人与女人，就像是磁场的两极，注定是会相互吸引的。

所以，很多时候，马化腾不得不“变身”为一个女孩子，给那些男性用户当“陪聊”。其实那时，马化腾只有一个目的，就是让这个工具“活”起来，能带动人气，让社区热闹起来，让更多的人看到这个工具的实用性。

每当回想起那段“陪聊”的岁月，马化腾总是忍不住发笑，但笑意背后，也有掩饰不住的心酸和感慨。其实，我们每一个人的成功，都不轻松，都不容易。像马化腾这样一个内敛的人，一个当初只知道写代码的沉默寡言的男人，在那一段推销和“陪聊”的日子里，也要去做自己不擅长的事。

我们见到很多有理想的青年，他们和马化腾一样，想干出属于自己的一番事业，想实现自己的价值，可是很多时候，他们不愿意为了梦想改变自己。他们一边心心念念着梦想，一边又追求着自我和个性，殊不知，很多时候，鱼和熊掌是很难兼得的。

其实，成功者的身上都有一股韧性，那股韧性，能让他们迎风前进，不屈不挠。很多时候，年轻人在创业的时候，也都有一腔热情，而他们缺少的，往往是执着与坚持。

山寨之王，借鉴更需要创新

腾讯一直被认为是“抄袭之王”，这主要是因为最初的 OICQ 是从模仿 ICQ 而来的。再之后，MSN（此处应指微软发布的一款即时通信软件）被 QQ 挤走，联众游戏被 QQ 游戏“血洗”，盛大被腾讯网游碾压，360 被 QQ 电脑管家狙击，腾讯视频成为网络三大视频网站之一。而这些，更加坐实了腾讯的抄袭之名。

腾讯确实有过模仿，但是模仿者能被广大受众所接纳，也不是谁都能做到的。开始的时候，因为模仿，马化腾一直受人诟病，有人说他无耻，也有人说他成不了大事。可是，马化腾却用铁的事实证明了自己，证明了腾讯，腾讯不是单纯的模仿，而是学习后的再创新。

对于模仿，马化腾并不否认。但他认为，在中国，很多东西都是别人做过的，但还有好多人在做，并做得更好。他还认为，学习最佳案例是最聪明和务实的方法，通过学习，自己能够超越它才是关键。

生性温和、低调的马化腾曾被人骂为“抄袭大王”，但纵观国内的企业，哪个没有“模仿”或者“被模仿”呢？下面，我们不妨看看马化腾和腾讯是怎样在“模仿”中不断成长的吧。

马化腾开始萌生模仿ICQ的念头，主要是因为ICQ是国外产品，版本为英文版，这对于中国人来说，用起来非常不方便。因此，马化腾才开始着手研究，最后开发出了中文版本的ICQ，即OICQ，也就是我们现在所用的QQ。后来，QQ经过不断地升级版本，越来越符合中国大众的需求。

当初，微软旗下的MSN也是即时通信软件，人们使用这个软件可以与亲人、同事和朋友进行语音对话、视频会议、文字聊天等即时交流。MSN是2005年才进入中国的，以其简洁实用的版面迅速获得大众的认可，特别是上班一族的喜爱。

但是，任何产品都要经受时间的考验，时间越长，越能体现出产品的实用性。MSN之所以被QQ挤走，不仅在于两者之间的差异性，还在于QQ的不断创新。下面，我们不妨来分析一下同为即时通信的MSN与QQ，到底存在什么不同吧。

（1）针对的人群：MSN联系的几乎都是熟人，在MSN上，用户不能和陌生人说话，只有知道对方的Email才能加MSN；QQ则不同，只要通过寻找就能加上好友，即使是不认识的两个人也可以加成好友。

QQ 所覆盖的人群是 MSN 所不能比的。

（2）支柱产品：QQ 是腾讯的支柱产品，而 MSN 只是微软下属的一个小部门，MSN 即使连续亏损八年也不影响微软的运作，因此，微软内部对这款软件在中国市场发展情况的重视态度根本不如腾讯对 QQ 的重视态度。

（3）群组设置：QQ 可以创建固定群，以前这个功能只对会员开放，会员需交 10 元的费用，现在则是完全免费；MSN 只能创建临时的群，下次用的时候还得重新创建。

（4）保护隐私：QQ 可以设置在线隐身，让别人不知道自己在线；而用户一旦登上 MSN，对方就会知道。

（5）摄像头使用：QQ 只要有一方有，就可以进行视频，比如别人有，自己可以看他，或者自己有，对方就可以看到自己；MSN 则必须是自己有，这样才能够和别人视频。

从以上分析的这些差异中，我们能够看到，QQ 的实用性更大一些。并且，在不断地升级中，它的创新还在继续，比如后来又增加了 QQ 运动、QQ 天气等，为人们提供了更多的便利。也正因此，MSN 最终无奈退出中国市场。

在中国，很多时候就像韩寒说的，“我们愤怒，不是因觉得不公平，而是觉得自己处在不公平中的不利位置，我们不是想消灭这种不公平，而是想让自己处在不公平中的有利位置。”

真正要消灭山寨，既需要通过法制加强知识产权的保护，又需要社会更加重视基础科学的教育。就像马化腾在 2018 中国国际智能产业博览会上指出的，由于基础研究所需要投入的人力物力巨大，短期内很难见到成效，所以中国大部分创新都选在了应用层面的创新。换言之，就是从 1 到 N，而不是从 0 到 1。

2018 年的中美贸易战给中国敲响了警钟，也让更多的企业意识到，只有和政府共同创造一个对科研人才有长期保障和优惠待遇的环境，我们才能逐渐独立起来，实现真正意义上的科技创新。因为如果大环境不改变，即使没有腾讯，也会有另外一家公司，做着腾讯现在做的事，脱颖而出成为中国互联网巨头之一，而它同样无法摆脱“山寨”的嫌疑。

磨难重重 艰难求生

第 四 章

求助被拒，腾讯陷入泥潭地

1999 年 2 月，腾讯公司的即时通信工具 OICQ 正式开通了，与 GSM（全球移动通信系统）短消息、IP 电话网、无线寻呼相关联。1999 年 11 月，OICQ 的注册用户达到 100 万；2000 年 4 月，注册用户数达 500 万；2000 年 6 月，注册用户数破千万。

然而，用户数量高速增长的同时也给腾讯带来了更高的运营成本，那时候，腾讯公司还没有其他变现的方法，马化腾和他的团队只能靠烧钱来维持公司的运转。

2000 年，互联网的“冬天”来临，在这样“恶劣”的环境下，所有的互联网投资者都小心翼翼、战战兢兢。没有变现的资金，就没有能力运营 OICQ。在这样的困境中，马化腾想到了一个人，这个人曾和他一起在深圳的街头喝酒、倾诉，这个人就是丁磊，网易的创始人。

1997 年 5 月，丁磊在广州创立网易公司，他与王志东、张朝阳被称为“网络三剑客”。在丁磊创业之前，他和马化腾经常在一起喝酒、聊天，马化腾虽然不善言辞，却是一个很好的倾听者。当时，丁磊“壮志未酬”，心情不好，总喜欢找马化腾倾诉，而马化腾也总会给他打气，鼓励他坚持走下去。

正是基于这样的交情，当腾讯出现危机的时候，马化腾第一时间想到的就是丁磊。他找到丁磊，说出此时 OICQ 的处境，但丁磊当时对马化腾的来访并没有表现出多大的热情，他不看好 OICQ。

丁磊认为，OICQ 技术含量太低，不值得网易投入资金来扶持，因此，他拒绝了昔日老友马化腾的救难请求。丁磊的拒绝让马化腾既惊讶又心寒，但他终究什么也没有说，只是默默地离开了网易总部。

昔日好友的拒绝，让马化腾始料不及，他根本没有想到 OICQ 在朋友的眼中竟是如此的不堪！他不愿放弃 OICQ，他依然认为 OICQ 是有价值的。都说商场如战场，在还没有利益冲突的朋友之间，友情就已经不堪一击，更何况那些拼死厮杀的竞争对手呢？

求助丁磊未果，马化腾把目光转向了另一个在他心目中有着重要位置的人——张朝阳。张朝阳，我们前面也介绍过，此人不仅是个学霸，还是互联网的风云人物，也是马化腾的偶像。当年张朝阳在深圳演讲的时候，马化腾不惜抢票进入会堂听他的演讲。

马化腾认为，张朝阳不是一般的人物，他对于 OICQ 的认识应该比一般人要长远一些。所以，马化腾找到了张朝阳，希望能从他那里得到帮助。当时，马化腾希望出让 OICQ 的股份给张朝阳，并希望得到 50 万元的资金支持。但是，张朝阳当时可能没有看出 OICQ 的价值所在，他一口回绝了马化腾，还抛出一句让马化腾能记一辈子的话：你这东西我找几个大学生不超过三个月做得比你还好，根本就不值 50 万元。

所以说，许多臆想中可以依靠的力量，其实在现实中是不堪一击的。张朝阳、丁磊对马化腾都没有提供帮助。后来，马化腾又找了几家企业的负责人，他们也同样认为 OICQ 没有前景，没有向马化腾提供帮助。

求助无门的马化腾第一次感受到了创业的艰难，同时也第一次对自己一直认定的这个产品产生了怀疑：难道真如丁磊和张朝阳所说，这个 OICQ 没有技术含量？几个大学生不超过三个月就能做得比自己好？

带着这样的沮丧和思考，马化腾陷入了人生中的第一次迷惘。但现实并没有让马化腾迷茫太久，很快，更大的考验又来了。

想卖 QQ，四次谈判皆失败

在 1999 年 11 月 OICQ 运行 9 个月之后，其注册用户已经超过一百万，并将同时期的竞争对手网际精灵、CICQ（类似 OICQ 的一款即时通信工具）和 PICQ（类似 OICQ 的一款即时通信工具）远远地甩在了后面，这对于马化腾来说是一种莫大的鼓励，此时的马化腾仿佛看到了腾讯未来的曙光。

但与此同时，腾讯内部的资金也出现了问题。那时，腾讯公司的账户上只剩下 1 万元的现金了！马化腾和他的团队面临着前无救兵、后无退路的困境，他们每个人都一筹莫展。经过一番讨论，马化腾和他的团队想到了两条出路：一是出售腾讯；二是减薪增资。

股东们首选了“减薪增资”的方案，同意把股本从50万元增加到100万元。那时大家也才工作不久，并没有多少积蓄，但是为了腾讯的发展，都咬着牙再次投入。五位创始人的月薪分别减半：先前，马化腾和张志东为5000元，现在减为2500元；陈一丹、许晨晔和曾李青为2500元，现在均减为1250元。这样的月薪，在当时的深圳只够填饱肚子。

而相对减薪增资，股东们还认为将腾讯卖掉也许是一个更痛快的办法，他们商量后决定以300万元的价格将腾讯卖掉。于是，马化腾和曾李青开始四处寻找愿意购买腾讯的人，但是这个过程极为艰难。对于这一段经历，马化腾后来都不太愿意去谈及，据说，当时至少有六家公司拒绝了他们。

深圳赛格集团，当时是腾讯公司的房东，也是马化腾找到的第一个投资人。时任赛格电子副总经理的靳海涛对于当初没有投资腾讯感到后悔莫及，他说马化腾找过他们几次，但那个时候他们不明白腾讯搞的到底是什么玩意。现在想起来，如果当年投了，现在肯定增值几千倍了。

在马化腾找赛格的同时，曾李青则找到了广东电信，广东电信是他的老东家。广东电信同样对OICQ不感冒，认为它是一个看上去可能增长很快的项目，但当时全世界没有一个人知道它是怎么赚钱的。

其实，曾李青最初找到广东电信的时候，广东电信倒是有收购意向，但是他们只愿意出价60万元人民币。开始时，马化腾心一狠，答应了他们的要求，但当谈判进入实质性阶段，准备签订合同的时候，马化腾突然反悔了。自己一手创办的腾讯就这样卖给了别人，他真是万分不舍，卖掉腾讯如同割他的心头肉啊。

另外，马化腾还亲自到广州和北京，寻找了四家单位谈判售卖腾讯的事。张志浩是后来加入腾讯的，当时，他在中北寻呼集团工作，那是当时华北地区最大的寻呼企业。张志浩清楚地记得，有一次中北向腾讯采购了一套网络寻呼系统，亲自到北京总部调试设备的工程师正是马化腾。

在中北的机房里，腾讯工程师马化腾还顺便教张志浩怎样使用 OICQ，同样是计算机应用出身的张志浩凭直觉感到这可能是一个很不错的机会，这也应该是中北寻呼集团转型的方向，于是，张志浩向集团高层推荐了 OICQ，并力劝高层把腾讯买下来。遗憾的是，中北高层也觉得这只是张志浩讲的一个并不太好笑的笑话，因此拒绝了马化腾的售卖申请。

在北京时，马化腾还接触了中华网，想把 OICQ 卖给他们，但是当时中华网认为 OICQ 的用户太少，没有资历进入谈判阶段。那些被马化腾和曾李青寻求购买 OICQ 的企业，都没有真正认识到腾讯的技术和无形资产的价值，他们看到的只是腾讯有多少人，多少台电脑，多少张桌椅板凳而已。

对于腾讯的估价，有一家企业最多给出 60 万元的价格，这让马化腾沮丧不已，毕竟这离他期望的 100 万元人民币的底线，还相差很远。在那段时间，马化腾的心情非常复杂，痛苦、无助、不舍、沮丧，他整夜整夜都睡不着觉。

当时，陈一丹还尝试从银行贷款，可是当银行问他，腾讯有什么固定资产时，他回答道："有电脑，而且还是旧的。"然后，银行告诉他走错门了，他应该去旧货市场。这一系列的挫折让几位年轻人既郁闷又沮丧。

最终，马化腾反悔了，因为他觉得，如果不能保住100万元的底线，就这样草草地卖掉腾讯，也许是一个错误，他始终觉得OICQ有它的价值和市场。如今看来，马化腾当时的反悔是对的，因为腾讯的价值远远不止60万元、100万元。

在腾讯的1万元资金即将花完的时候，五个人开始厚着脸皮四处借钱。在深圳，只要有点关系的朋友都被他们借了个遍，但这仍然不能解决问题。后来，马化腾的两位有钱朋友以豁出去的心态分别借给他50万元和20万元。马化腾提出用腾讯的股票来还债，却被他们拒绝了，他们宁愿马化腾不还这些钱，也不要腾讯的股票。这在当时，其实也是对腾讯没有信心的表现。

侵权风波，痛定思痛改 QQ

1999 年 9 月，马化腾接到了“美国在线”（AOL）发出的律师函，称腾讯名下认证的 OICQ 的域名 OICQ.com 和 OICQ.net 构成了对 ICQ 域名的侵权，导致用户认为 OICQ 的服务就是 ICQ 的服务。

2000 年 2 月，马化腾再次接到“美国在线”的律师函。美国法律规定：如若被告的名字与原告的名字有超过 2/3 的相似之处，就可以判定构成侵权。

前面提到过，ICQ 是由瓦迪、高德芬格和维斯格这三个以色列人开发的。软件取名为英文谐音“I Seek You”的 ICQ，寓意“我在寻找你”。

ICQ 是一款将聊天软件和电子邮件有机结合在一起的新型即时通信软件，支持在 Internet 上发送消息、传递文件、聊天。申请 ICQ 的用户可以通过 ICQ 与同样配备了 ICQ 的其他上网用户迅速沟通，而且用户上网后，ICQ 会迅速告诉用户有哪些朋友在线上，并和这些用户建立联系，随时随地进行沟通。

其实 ICQ 软件的研制过程并不复杂，瓦迪、高德芬格和维斯格只用了不到三个月的时间就推出了 1.0 版本，只是接下来的推广让他们很头痛，因为他们手里没有太多的钱，而推广 ICQ 却需要很多的资金。

无奈中，他们只好拿着开发好的软件四处寻求投资。开始的时候，他们认为，公司刚刚成立，不需要太重视盈利，只要把软件推广出去，让足够多的顾客使用他们的软件，他们就能获取财富了。但是，这种比较超前的商业理念并没有给他们带来好运，没有多少人对他们的软件产生兴趣。他们所找的第一位投资人就嘲笑他们，说他们是一群不懂做生意的孩子。

不过，挫折并没有让三个人气馁，他们一方面继续寻找投资者，另一方面也积极地把 ICQ 推广出去，让用户免费在他们的公司网站上获得 ICQ 软件。很快，有三十万名用户下载并使用了 ICQ 软件，之后，这一数字迅速攀升，半年之后，用户量达到一百万之多。

ICQ 最大的特点是只有相识的人彼此都下载了 ICQ 这款软件，他们才能在网上进行即时通信。因此，当用户看到 ICQ 比电子邮件更具有实用性的时候，他们就会迅速推荐给亲人、朋友，让他们也下载安装 ICQ，以达到随时聊天的需求。

在两年的时间里，ICQ 以每月一百万左右用户的速度疯狂递增，并向全球扩散。用户剧增，资金却无法增加，三位创始人也陷入了困境。

1998 年，由于资金短缺，ICQ 陷入了困境，无法再继续运转下去。三个年轻人不得不决定把ICQ卖掉，在所有报价的公司中，“美国在线”报价最高。最后，在众多竞争者中，“美国在线”公司以 4.07 亿美元的价格收购了 ICQ，ICQ 就此成为“美国在线”公司的一员。

那么，“美国在线”到底是一家什么样的企业，为什么会斥巨资收购 ICQ 呢?

史蒂夫·凯斯，“美国在线”的创始人，1958 年出生在美国夏威夷的火奴鲁鲁。史蒂夫·凯斯从小就极具商业头脑，当他还是个孩子的时候，就已经和哥哥丹一起开了一家小公司，公司名叫“凯斯企业”，主要业务是挨家挨户推销一切他能搞到的东西，这些东西有些是用钱低价购买的，有些是免费获得的。

推销东西使得史蒂夫·凯斯有了一些营销经验，尽管利润很小，因为有市场，史蒂夫·凯斯也能赚到一些钱。大学毕业后，史蒂夫·凯斯一心想做销售，他辗转去了好几家公司，在这期间也接触到了计算机，并且狂热地爱上了它。

1985 年，史蒂夫·凯斯和同事金赛联手创业，创办了量子计算机信息数据公司，主要业务是为计算机用户提供在线信息服务，这家公司就是美国在线公司的前身。

凯斯坚持面对普通消费者的战略，为人们提供方便快捷的网络服务。这样的企业理念让他的公司如神话般崛起，并迅速成为在美国通过网络赢利的两家互联网公司之一。

正是这家公司，最终收购了 ICQ。而马化腾所遇到的，就是这样一个强劲的对手。按照当时的情况来看，马化腾的腾讯是完全没有能力与“美国在线”抗衡的，再加上自己的产品也模仿了人家一点，因此，在这场官司中，马化腾没有任何争议地输了。

腾讯作为一家初创公司，本来资金就比较紧缺，现在又要面临巨额的罚款，对于马化腾来说，这无疑是一个巨大的打击。为了降低该事件的负面影响，尽量减少经济损失，马化腾多次私下与“美国在线”交涉，但“美国在线”仍强烈要求腾讯停止使用 OICQ.com 和 OICQ.net 的域名，而且态度坚决。

2000 年 3 月 21 日，由美国仲裁员詹姆士·卡莫迪签署的判决书下来了。判决书中判定腾讯将两个域名全部免费转让给“美国在线”。4 月份，经历了这一场侵权风波之后的马化腾，为避免以后引起更多的纠纷，决定将 OICQ 的名称，改为“腾讯 QQ”。

至此，马化腾开创了属于自己的时代。

绝处逢生，艰难融资终得救

新世纪刚开始的时候，互联网陷入了“寒冬”。马化腾最初想把OICQ卖掉，但由于多方面的原因，没有成功。OICQ没有卖出去，腾讯的危机也没有过去，就在这个时候，马化腾听到丁磊融资成功的消息。

“融资”这个词马化腾以前从来没有听说过。从丁磊融资成功的消息中，马化腾第一次知道了“风险投资”这个概念，在这之后，马化腾感到腾讯有救了。

那么，到底什么是风险投资呢？百度资料显示：风险投资（Venture Capital）简称VC，也称创业投资，在中国是一个约定俗成的具有特定内涵的概念。广义的风险投资泛指一切具有高风险、高潜在收益的投资；狭义的风险投资是指以高新技术为基础，生产与经营技术密集型产品的投资。根据美国全美风险投资协会的定义，风险投资是由职业金融家投入新兴的、迅速发展的、具有巨大竞争潜力的企业中的一种权益资本。

在弄懂了风险投资后，马化腾知道，如果能找到愿意为腾讯投资的人，那么腾讯就可以度过“寒冬”了。这是马化腾心中坚定的想法，可问题是，去哪里找投资？怎么找？找谁？这一系列的问题又摆在了马化腾的面前。更重要的是，在这之前，马化腾从未接触过风险投资，对风险投资相关的知识和概念也不甚了解，如果说了解，也只是一些皮毛而已。

但是，有一点，马化腾和他的团队是非常清楚的，那就是要想找到投资人，就必须有能打动投资人的商业方案——商业计划书。

平常的时候，写程序、敲代码是腾讯几位创始人的强项，可现在要让他们亲自草拟一份商业计划书，这就有难度了，这也是理工男的弱项。他们几个人都是理科出身，为了写好这份商业计划书，马化腾和几位合作伙伴也是拼尽了全力，构思、分析、撰写、修改，一遍又一遍，乐此不疲。

一份好的商业计划书，应该是一份全方位的项目计划，它主要是给投资商看的，可以让投资商从中快速地对项目抑或企业做出评估。商业计划书也有其相对固定的格式，大致包括企业成长经历、市场营销、产品服务、股权结构、管理团队、财务状况、组织人事、运营以及融资方案等内容。内容越翔实、数据越丰富、体系越完整、装订越精致的商业计划书越能吸引投资商。可以说，一份好的商业计划书对项目融资是至关重要的。

马化腾和他的团队非常重视这份商业计划书，为了写好这份商业计划书，获得投资，马化腾和他的团队六易其稿，总页数达到二十多页。之后，他们便拿着这二十多页的商业计划书四处奔走，找了好几家公司，只是都没有获得理想的结果。

后来马化腾回忆说："深圳不像北京，北京是海归的圈子，那里的企业找投资人比较容易。当时在深圳融资很难，所以，我们算是幸运的了。"为什么马化腾说自己是比较幸运的呢？因为后来，在父亲马陈术的帮助下，马化腾找到了投资人。

在马化腾快要走投无路的时候，他的父亲马陈术找到了同是潮汕人的李嘉诚。当时，李嘉诚的儿子李泽楷手上有盈科数码，马陈术觉得李泽楷应该会对马化腾有所帮助。

李嘉诚的祖籍是潮汕，跟马陈术算是同乡。虽然李嘉诚人在香港，但心怀故土，他先后在汕头创办了汕头大学、汕头大学医学院，另外还有其他多所医院，是享誉世界的潮人富商。李嘉诚做生意特别讲信用，推崇"人凭自己的本事做事"。民间有这样一个小故事。

有一次，李嘉诚掉了一块钱硬币，当时有个小保安跑过去为李嘉诚捡了起来。李嘉诚很开心，当即掏出一百块钱给了小保安。李嘉诚说："一块钱掉了就没有价值了，可是他帮我捡了起来，让它不至于浪费，至于这一百块钱，到了人手里是有用处的，也就有它的价值。而且，他为我捡了钱，不管大小，都是一种付出的行为，这种行为就应该得到回报。”

一元换一百元的故事从此便流传开来。从这个小故事中，我们应该也能看出李嘉诚是怎样的一个人。

据马化腾后来回忆，他是在李泽楷的酒店与其见面的。当天，来到李泽楷酒店的都是精英、名流。他拿着一份二十多页的商业计划书去见李泽楷，见面的时间很短暂，且同事们谁都不敢上前和李泽楷说话。当时，马化腾他们都觉得没戏。

在酒会进行到一半的时候，李泽楷走到了马化腾身边，与马化腾和他的几位同事简单地交谈了几句，然后让人拿走了马化腾的商业计划书。其实，在李泽楷见马化腾之前，他已经在别人那里知道了马化腾要找投资人的事。而这个别人就是 IDG（美国国际数据集团的简称，是第一家进入中国的美国技术信息服务公司。IDG 资本是专注于中国市场的专业投资基金。）资本全球董事长熊晓鸽。

熊晓鸽，生于湖南省湘潭市，其父亲是上甘岭战役的战斗英雄，转业后分配到钢铁厂工作，母亲在纺织厂上班，他本人也算是一个军人的后代。

1993 年，他协助 IDG 创始人兼董事长麦戈文先生在中国创立太平洋风险技术基金（现更名为 IDG 资本），而他自己也成为当时最早将西方技术——风险投资实践引入中国的人。

熊晓鸽性格敦厚温良，在风险投资界有着超强的能力。他是一个理想主义者，对于自己的人生有着很明确的规划，每当为自己订立一个目标的时候，他总是不遗余力地想把它实现。

熊晓鸽是恢复高考后的第一批大学生，当时，他考上了湖南大学英语系，这跟他一直坚持自学英语也有着很大的关系。除了“大学梦”，熊晓鸽的另一个梦想是当一名战地记者，为了这个梦想，他放弃了留校任教的机会，到北京机械工业部担任翻译和英语教师。

在北京的时候，一次偶然的机会，熊晓鸽接待了一对来自美国的夫妇，并为他们担任了九天的翻译兼导游。那对美国夫妇游玩结束后，在付给熊晓鸽费用的时候，熊晓鸽拒绝了。也因如此，他与美国夫妇结下了深厚的友情，这为他后来留学美国奠定了良好的基础。

在美国读完博士后，熊晓鸽加入了全球最大的出版机构卡纳斯公司，并在三年后晋升为《电子导报》亚洲版的主任编辑。1991 年，熊晓鸽申请到中国做出版，但遭到反对。于是，熊晓鸽就给有过一面之缘的 IDG 董事长麦戈文写了封信，说了自己面临的情况。只是没有想到，麦戈文收到信后当天就邀请他加入 IDG。于是，熊晓鸽加入了 IDG，在董事长麦戈文的支持下回到中国香港，创建了美国进入中国的第一家风险投资公司。

熊晓鸽堪称是风险投资界的“教父”级人物，在他二十多年的风险投资生涯中，促成了 70 多家企业顺利上市，打造了将近四百位千万甚至亿万富翁，马化腾便是其中的一位。

其实，在香港的时候，熊晓鸽就已经注意到了腾讯和马化腾。在对马化腾和腾讯观察了一段时间后，熊晓鸽决定为马化腾提供帮助，帮助这位敢于用青春赌未来的创业者。

于是，熊晓鸽和李泽楷一番商量后，决定共同出资支持马化腾。也正是因为有了熊晓鸽和李泽楷两人共同投下的220万美元，马化腾和他的腾讯才能度过互联网的“第一个寒冬”，从此转危为安。

二次危机，峰回路转遇贵人

马化腾虽然得到了熊晓鸽和李泽楷共同投下的 220 万美元，但是腾讯的危机依然没有完全过去。因为 QQ 的用户量增长得实在太快了，钱也烧得很快，这样一来腾讯根本无法盈利。而且腾讯的这种商业模式并不被外界看好，再加上互联网泡沫的影响，渐渐地，IDG 与盈科数码也对腾讯失去了信心。

2000 年年底，腾讯的第二次财务危机出现了，再次面临着生存的绝境。IDG 与盈科数码不愿再追加投资，而且他们还有了收手的想法。IDG 首先萌生退意，在 IDG 眼里，腾讯虽然发展势头喜人，但它的商业模式不是主流的，无法受到资本市场的青睐，重中之重是，它烧钱的速度实在是太快了。

马化腾将第一次融资得到的资金都用于服务器的添置上了，这样的做法直接导致用户数量剧增，而盈利却遥遥无期。当资金危机再次出现的时候，曾李青多次约见当时的 IDG 代表王树，希望 IDG 能够追加投资。但王树认为，在当时，腾讯已经没有再能溢价增发的空间了。而且马化腾坚持他的创业团队必须保持控制权力，结果三方没有达成共同的意见。

为了让腾讯继续生存下去，马化腾带着他的团队又开始四处寻求新的投资者。当时，IDG 牵头去找搜狐，但被张朝阳拒绝了，此时的张朝阳依然不看好腾讯。除了搜狐和新浪，IDG 还找过雅虎中国，马化腾则拜访过由 IDG 投资的金蝶，曾李青甚至还找过大名鼎鼎的联想，但都被拒绝了。

马化腾和张志东再次来到北京，找到新浪，新浪的负责人王志东和汪延也拒绝了他们。在当时同行的眼里，腾讯设计的产品，他们自己也能做，根本没有必要花几百万美元去购买，再加上当时纳斯达克的股价暴跌，所以大家谁也不敢轻举妄动。

再后来，李泽楷的盈科数码也加入了拯救腾讯的行动中，毕竟谁也不愿意自己投入的资金打了水漂。盈科数码与有国资背景的中公网谈判，提出盈科数码投资中公网，再由中公网收购腾讯，最后通过业务整合的方式来拯救腾讯，但这个方案中途夭折了。

与中公网的合作失败后，盈科数码又想把腾讯推荐给 TOM.com，因为 TOM.com 是盈科数码自己控股的企业，但被 TOM.com 管理层拒绝。最后，盈科数码想出一个奇招，他们找来香港著名导演王晶，想把电影业与腾讯用户相结合，借此看看能否有盈利的可能，但这一想法过于超前，最后也不了了之。

就这样，为了让腾讯活下去，马化腾和他的伙伴们，以及 IDG 和盈科数码敲遍了当时互联网大佬们的门，包括搜狐、新浪、金蝶、雅虎中国、TOM、联想……但无一家愿意接手。

这一次，马化腾彻底绝望了，因为他真的是无计可施了。新世纪的第一年很快就要过去了，马化腾和他的伙伴们仍然是四处碰壁。资金没有着落，用户却以惊人的速度递增，很可能突破一个亿，可是没有人看到腾讯未来发展的潜力，没有人愿意为它买单。

当腾讯成功后，马化腾回忆起那一段日子，曾说，那样的日子真是折磨人，但也相当锻炼人，经过了那一次，以后再艰难的坎我都不会再有当时的担忧和恐惧了。

山不穷，水不尽，又怎能有柳暗花明的到来呢？2001 年 1 月，一个美国人拯救了马化腾，拯救了腾讯，这个人名叫网大为——南非 MIH（米拉德国际控股集团公司）中国业务部的副总裁。网大为能说一口流利的中文，并且是个中国通。网大为流利的汉语，让马化腾与曾李青第一次清楚地了解到了 MIH 这个企业。

MIH 是南非最大的付费电视运营商，同时又是一家总部在南非的投资集团公司，当时已在美国纳斯达克和荷兰阿姆斯特丹两地上市。MIH 是全球前五位的媒体投资集团之一，从 1997 年进入中国以来，已先后投资了体坛传媒、脉搏网和《北京青年报》等。

网大为每到一个城市，首先会去逛当地的网吧，研究当地的年轻人在玩什么游戏。来到中国的时候，他发现几乎所有网吧的桌面上都挂着 OICQ 的程序，同时，他发现，他接触到的多家想接受投资的公司负责人的名片上都印有 OICQ 号，当时，他就想这到底是怎样的一家互联网企业，为什么具有如此大的影响力呢?

于是，网大为找到了马化腾。网大为告诉马化腾，他是在无意中发现腾讯的。对于马化腾来说，网大为的到来简直是“冬天里的一把火”，瞬间温暖了他那颗原本快要冻僵的心。

因为彼此都有意向，所以谈判很快就进入了实质性阶段。网大为给马化腾开出了两个条件：一是 MIH 出价 6000 万美元，以当时 MIH 投资的世纪互联的股份来换；二是 MIH 希望成为第一大股东。

对于这样的条件，马化腾和他的团队成员自然是不同意，因为马化腾一直坚持的就是自己的团队要掌握控制权，这也是他的底线。不过，通过这次谈判，马化腾和他的团队成员都看到了腾讯的希望，毕竟这是第一次有人出这么高的价格，这也说明，腾讯的估值已经比一年前整整高出了 11 倍，未来有可能会更高。

最终，马化腾没有答应网大为的条件，谈判以失败告终。网大为有点失望，但他没有表现出来。经过这件事之后，马化腾的心安定了下来，因为他坚信腾讯是有价值的，而他和腾讯终会等到春暖花开的时候。果然，两个月后，网大为做出了让步，同意 MIH 的投资将全部以现金支付。

这样的结果，不只让马化腾和腾讯非常高兴，IDG 也非常高兴，毕竟投资不到一年，就有如此高的溢价，这在互联网的“大寒流”中是很不可思议的。同时，IDG 同意出让其所持有的 20%的股份，但在深圳的王树坚决反对，最后，IDG 保留了 7.2%的股份，出让了 12.8%的股份。

而盈科数码有点不舍，一直没有下决定。就在此时，盈科数码自身已经连续两个季度出现巨额亏损，所以他们最终不得不同意将全数 20%的股份售予 MIH，套回现金 1260 万美元来拯救自己。

峰回路转，网大为的“空降”让 MIH 以 32.8%的股份成为腾讯的第二大股东，腾讯终于摆脱了资金短缺的困扰。就这样，在马化腾创业的第二十个月，他终于找到了愿意为腾讯的未来买单的人。从此，MIH 一路陪伴腾讯走了过来，在最高峰时，它曾掌握着腾讯超过 45%的股份，是腾讯股东中最大的单一股东。

现在，MIH 仍然拥有腾讯高份额的股份。按腾讯目前的市值，网大为当时对腾讯的那笔投资已经翻了数千倍，并成为腾讯上市的最大赢家。而对于马化腾来说，他一直把 MIH 和网大为视为腾讯的“贵人”，毕竟，如果没有网大为，没有 MIH，腾讯也许早就“冻死”在那个互联网的“寒冬”中了。

闯出困境　前途无量

第　五　章

移动 QQ，腾讯盈利首桶金

2000 年，是腾讯水深火热的一年，同样也是中国电信水深火热的一年。这一年，电信面临“分家”的窘境。在以前，电信其实是指邮电局，而邮电局其实也就是邮政和电信的统称，包括固话业务、移动和邮政三个体系。1998 年，邮政率先从邮电系统剥离，正式挂牌为国家邮政局，剩下的业务全归中国电信管辖。

1999 年 4 月底，中国电信根据国务院批复的《中国电信重组方案》，启动移动通信分营工作。2000 年 4 月 20 日，移动正式脱离电信管辖，宣告成立中国移动通信集团公司，简称“中国移动”，所有移动业务划到中国移动中来。刚刚独立的中国移动面临着全新的局面，它如一个新生儿一样渴望成长。就在这个时候，移动遇到了腾讯。

刚开始时，腾讯 QQ 并没有任何增值业务，并且从当时的用户习惯和 QQ 的影响力这两个方面来看，即使推出增值业务也不会有多少收益。

因为网大为的投资，腾讯没有被“冻死”，反而迎来了属于它的“春天”。在 MIH 投资并进入腾讯之后，马化腾暂时松了一口气，并把精力转向了产品研发，开始试图寻求产品本身的价值。此时的马化腾也认识到，依靠自身的力量去挣钱显然是行不通的，唯有借力才是制胜的王道。

这一次，马化腾没有借着刚融得的资金开疆辟土，而是冷静观察，步步为营，他的沉稳和精明在此时也慢慢地凸显了出来。

其实，马化腾一直在关注电信行业。当初，他想卖掉 QQ 的时候，就曾和广东电信磋商并谈判过，但最终没有取得成功。直到 2002 年，中国移动正式脱离电信，此时马化腾与中国移动一拍即合，合作推出移动 QQ 业务。

在当时，腾讯 QQ 大多还是以 PC（personal computer 的缩写，指个人计算机，有台式机、笔记本、平板等）为主，手机的主要功能还是发短信和打电话。马化腾抓住了手机具有沟通和连接的特点，和团队开发出了适合手机操作的移动 QQ。用户在手机上下载和使用移动 QQ 都是免费的，但手机会产生相关的流量费用，这一部分费用就由相关的移动通信运营商收取。

进入新世纪后，人们的生活水平越来越高，精神消费也明显增多，这时候推出的移动 QQ，无疑是一个爆炸点。根据手机类型的不同，腾讯还特别设计了不同的移动 QQ 版本，以满足不同手机型号用户的需求。

手机用户需要手机支持 GPRS（General Packet Radio Service 的简称，即通用分组无线服务技术），并且有条件开通 GPRS，满足条件的用户下载移动 QQ 就可以使用。这一条件，无疑又为中国移动的 GPRS 业务圈了不少粉丝。

其实在当时，移动也迫切希望寻求到一项在短信服务和语音之外的新的商业模式，这也是当时移动无线增值服务（SP）模式兴起的原因。所以，移动 QQ 算是在天时地利人和的大好环境下推出的。

腾讯和移动合作之后，又借机推出了一款可以通过中国移动短信通道每月支付 5 元的移动 QQ 业务，用户不需要在手机上安装 QQ 客户端，就可以使用 QQ 了，而且用户开通业务所缴纳的费用由中国移动和腾讯进行 8∶2 分成。

用户可以通过 QQ，给手机用户发短信。当时，用户用移动手机发短信，一条是 1 毛钱，发一条彩信则需要 3 毛钱。但如果用移动 QQ 进行包月，用户则可以无限制地发短信。

1999 年加盟腾讯，现任腾讯集团高级执行副总裁、腾讯电商控股公司 CEO 的吴宵光说："5 元包月，就可以在 QQ 上发短信到手机，这其实还是挺吸引用户的，因为那时手机打字非常不方便，如果能在电脑上发信息到手机，是不是很酷？这在今天太平常了，但那个时候太不可思议了，竟然可以把信息从电脑发到手机上，很方便，而且包月以后信息任发。”

“5 元包月”业务的推出，为腾讯创造了一笔巨大的财富。据资料显示：从移动 QQ 运营开始，到 2004 年，移动增值的业务收入最高时就占到腾讯总收入的 57.8%，也就是说，马化腾的腾讯依靠移动 QQ 实现了自身的盈利。

其实，腾讯赚得的“第一桶金”和马化腾炒股赚得的“第一桶金”，有着同样重大的意义，但两者之间，又有非同一般的意义。炒股赚得的“第一桶金”是对马化腾个人的意义。那时的他还是一个毛头小子，依靠自己的能力与运气获得股市的盈利，那种成功和喜悦是属于他一个人的。但是，移动 QQ 所获得的“第一桶金”却是属于腾讯的，是属于集体的。

移动 QQ 所获得的“第一桶金”，不再是个人的荣誉，也不再是个人的功劳，而是属于一个集体、一个团队、一个企业、一个品牌的。所以，这“第一桶金”所产生的意义比马化腾炒股时所得的“第一桶金”的意义更大。更为重要的是，腾讯与移动合作所获得的“第一桶金”，再一次让马化腾和他的团队看到了腾讯的希望，并让他们相信，所有的坚持都是有意义的。

QQ 衣秀，虚拟网络新潮流

自从创办了腾讯后，马化腾几乎每天都会花大把的时间上网，只不过，他上网不是为了打游戏或者闲逛，而是想在网上找到新的商机。

对于商人来说，商机就是生命。商机往往能够决定企业的兴衰成败，对于马化腾来说，腾讯只是暂时走出困境，并没有达到真正的强大或者成功。作为腾讯的主要创始人，马化腾时刻都不敢放松，可以说，他的心中每一天都有压力，都有紧迫感。

2003 年的一天，马化腾又像往常一样在网上浏览着，无意间他进入了韩国的一家网站。正是这次无意的发现，让马化腾看到了一个新的商机。

马化腾看到那家韩国网站推出了一种给虚拟形象穿衣服的服务，他觉得很有意思，同时，他还发现这种虚拟服务在韩国很受欢迎。于是，马化腾想起了自己的 QQ，是不是也可以给用户的个人头像做一下装扮呢？

于是，马化腾就把自己的想法告诉了他的研发团队，开发人员很快就把马化腾的想法付诸行动，并找来一些著名的服装公司和手机商，比如耐克、诺基亚等公司，商讨合作，让这些公司通过 QQ 衣秀来下载最新款的产品。

腾讯开发的 QQ 秀是一个 QQ 虚拟形象设计系统，用户可以到 QQ 秀商城选择自己喜欢的虚拟场景、服饰和人物形象来装扮自己的 QQ、腾讯社区、QQ 聊天室、QQ 交友等服务中显示的虚拟形象。通过 QQ 秀，用户可以在互联网虚拟世界中体验到现实生活的自由和乐趣。

刚开始的时候，注册腾讯 QQ 的用户可以随便填写性别，用户注册成功之后，用户在网络上的人物形象就会按照注册时的男女性别给出男女不同的头像。QQ 秀推出之后，QQ 注册用户的个人形象都可以通过 QQ 秀得到很好的包装，包括头发、头饰、衣服、鞋子等。

女版的 QQ 秀有各种的发型、发卡、头巾、头花、耳环等装饰品，衣服风格更是多种多样，有套装、长裙、短裙、裤子等，鞋子也有很多种款式。并且，用户可以随着四季的变化按照自己的喜好任意挑选装饰品。

男版的 QQ 秀相对比较简单，有帽子、衣服、皮鞋，不过风格也有很多种，绅士型的、牛仔型的、休闲型的，等等。这些 QQ 装饰的价格也不贵，大多都在 1 ~ 2 元之间。

对于用户来说，一两元的消费是完全能够接受的。然而，对于腾讯来说，如果能让大部分用户都接受的话，那么，腾讯的收入就无法估量了。

果然，与手机、饰品、服装等公司共同开发的 QQ 秀，一经推出，立刻风靡 Q 族世界。用户们争相为自己的 QQ 形象“梳妆打扮”，力争在 Q 友面前呈现最新、最美的形象。在那一个时期，很多人在看到对方漂亮的 QQ 秀后，自己的虚荣心就会被激发起来，也想把自己的 QQ 形象打扮到最美，让别人羡慕。

虽然 QQ 秀是一个虚拟的世界，但是，人们攀比的心理不论是在虚拟世界还是在现实生活中，都是一样的。在现实生活中，有些人过得不称心如意，于是，在网络世界中，他们就愿意花钱买装扮让自己的 QQ 形象更美一点，满足一下自己的虚荣心。毕竟，在网络中买一套QQ 秀也花不了多少钱，哪怕是每天买一套，一个月也花不了多少钱。

正是人们的这种消费心理，让 QQ 秀业务增长迅猛，推出没多久，就有超过 40% 的用户购买，到 2004 年前三季度结束时，QQ 秀已经为腾讯带来了 3.28 亿元的赢利。而对于开发者腾讯来说，并没有为 QQ 秀的服装、饰品花费任何“银子”！

QQ 秀是腾讯的第一个增值业务，也是第一个用户愿意自己掏钱购买的业务。从它开始，马化腾寻找到了用增值业务带动腾讯盈利的经营模式，马化腾以他独到的眼光为腾讯带来了巨大的商机和利润。腾讯集团高级执行副总裁吴宵光曾在一次演讲中说：

2003 年我们尝试推出 QQ 会员，想拥有腾讯自己的增值服务，包括 QQ 秀。那时候 QQ 聊天基本上不知道对方长什么样子。最早我们推出 QQ 头像，而 QQ 秀可以让你有虚拟的形象，可以买衣服打扮自己，让别人看到你是什么样子。QQ 秀一推出来就取得了巨大成功，成为腾讯第一个赚钱最多的业务。

QQ 秀是用户第一个愿意为它付费的业务，让腾讯摆脱了对中国移动的依赖。大家为了展示自己的形象，真的愿意把钱充到 Q 币账户里面购买增值服务。这也为下一阶段网络游戏打下了很重要的基础。

互联网增值服务抓住了人性的需求，为会员提供服务。对于年轻人来说，他们大多比较喜欢炫耀，当他们开通会员，拥有了星星、月亮等级的时候，他们会加速更快，名字也会排在其他好友的前面。

不得不承认，马化腾对于商机的嗅觉比一般人更加灵敏。其实，当腾讯的 QQ 秀做出来的时候，也有很多人认为这又是马化腾模仿别人的，不是自己原创的。但不可否认，这种模仿是有创新性的，并且它带动了一个企业的发展，为企业创造了盈利。

阿基米德曾说："给我一个支点，我能撬起地球。"可以说，模仿给了马化腾一个支点，让他撬动了整个网络，引领了互联网的一个新的潮流。其实，模仿本身并不可怕，可怕的是守旧又不创新，那才是死路一条。

借力玩具，企鹅线下成宠儿

当腾讯暂时稳定的时候，马化腾开始思考为 QQ 设计形象。当时，马化腾想以动物或者植物做参考，但同时又要保留寻呼机这个形象。

为什么要有寻呼机这个形象呢？主要是因为，在没有创办腾讯之前，马化腾做的就是寻呼行业，他对寻呼机有一种非常特殊的情感。那时，马化腾是想延续做寻呼机的那种即时通信模式来做腾讯 QQ。

据说，在创业之初，腾讯并没有美工，图一般都是程序员用程序画的。开始的时候，马化腾想要一只鸟，可是，程序员画出来之后，鸟却不像鸟，反而像一只企鹅，只不过这只企鹅太瘦了，黑白色调，身形细长，小眼睛，没有丝毫的美感与喜感。因此，马化腾不太接受这只“鸟”，他的心里更加侧重“寻呼机”。

不过，当时腾讯内部有几个人很喜欢企鹅的形象，马化腾也不好自己做决定，他一向不是一言堂的领导。既然QQ形象是为用户服务的，那就让用户来选吧。为了收集对用户喜欢程度的反馈，马化腾建议把两个形象一起放到网上，让用户挑选自己喜欢的。

最初的时候，用户可能和马化腾一样，都有一种怀旧的情感，因此，大家在投票的时候，普遍投了寻呼机形象，寻呼机形象的得票率高于企鹅形象的得票率。但几天之后，企鹅形象的得票率反超寻呼机形象，并且得票率一直保持着上升的趋势。

马化腾认为，选择寻呼机形象的大多是怀旧的用户，他们和他一样有恋旧情结，但是新增加的用户就无所谓了，他们更倾向于动物。除此之外，马化腾还发现，选择寻呼机形象的用户和选择企鹅形象的用户明显地分为两个年龄层，选择寻呼机形象的大多是年纪稍微大一点的用户，而选择企鹅形象的则是年轻人多一些。

马化腾知道，经常上网的毕竟还是年轻人多一些，于是，他和他的团队最终选择了企鹅的形象。就这样，企鹅的形象定了下来。但是，瘦瘦的企鹅形象确实不怎么好看，于是，马化腾找到了东利行——广州东利行企业发展有限公司，请他们重新帮忙设计QQ形象。在腾讯的发展史上，这个东利行也应该是个大功臣，有着不可磨灭的功劳。

东利行接受了为腾讯QQ做形象设计的业务后，他们在原来瘦企鹅形象的基础上，经过认真的研究分析，从品牌、定位、设计三方面入手，充分考虑了中国的文化和社会道德、民族、人文等因素，又联想到南极的企鹅形象，最后设计出了戴着红围巾的胖企鹅形象。

从产品本身来说，企鹅象征着纯净、自由和灵动，这与互联网产品的发展极为吻合。当人们看到企鹅形象的时候，会产生无限的遐想，比如，绚丽多彩的极光、纯净的冰面、浩瀚的星海……一切美好的遐想都寄托在了这只“企鹅”的身上。

因此，当东利行把设计出的胖企鹅形象交到马化腾手里的时候，立刻赢得了腾讯内部众多人士的喜爱和认可。马化腾对于这样的QQ形象也十分满意，从此，企鹅成为腾讯QQ的品牌形象。不久，东利行又为马化腾设计出一只戴着粉色围巾的企鹅，让孤单的红围巾企鹅有了一个伴。从此，两只企鹅相互映衬，成为腾讯的经典。

有了设计企鹅形象的合作以后，马化腾对于东利行的设计能力十分看好，此后，他授权东利行可以线下生产腾讯的卡通企鹅形象。这一次，马化腾身上潮汕人的精明和能干再一次被呈现出来。

马化腾为什么会授权东利行生产腾讯的卡通企鹅形象呢？主要是因为，马化腾意识到，企鹅既然能够在网上受到用户如此程度的欢迎，线下的实物也必然可以获得消费者的喜爱。

事实再一次证明了马化腾的想法是正确的，马化腾让东利行在QQ企鹅形象的基础上又增加了一系列个性化的设计，结果，东利行生产出来的企鹅卡通玩具在玩具市场上又引发了一阵热流。那段时间，大街小巷的商店门口几乎都挂着几只胖企鹅，腾讯QQ也因为这只“企鹅”而被国人所知道并接受。而马化腾也因企鹅卡通玩具的热销再一次盈利。

最初，企鹅卡通玩具出现在市场上的时候，是以赠送的方式来打开腾讯 QQ 的知名度的，后来因为人们的狂热喜爱，腾讯才开始对企鹅卡通玩具进行销售。刚开始销售的时候是 5 元一个，后来涨到了 10 元一个，虽然价格上涨了，但市场还是供不应求。不管是在车上还是在家里，人们都能看见一只胖胖的企鹅。在一段时间内，胖企鹅似乎成了一种吉祥物，引领了一种潮流。

QQ 企鹅，不仅打开了腾讯的知名度，更成为沟通人们心灵的一个使者，它让人们的相遇和相处变得更加轻松和谐。作为一家互联网公司，能够使自己的产品在线上和线下都“火爆”是不多见的，腾讯也因此开创了一个先河。

当卡通企鹅玩具出现后，小孩子去玩具店买玩具时，首选的玩具往往就是企鹅，且不是一只，而是两只，一只系着红色围巾，另一只系着粉色围巾。连孩子都说，它们是一对嘛，不能分开。

可见，当时 QQ 企鹅的形象已经深入人心，且不分地区、不分年龄。或许也是因为这只“企鹅”，腾讯 QQ 才能以迅雷不及掩耳之势席卷了中国，并在极短的时间内走进了千家万户。不管是在公司还是在家里，只要有电脑，只要有手机，就能看见企鹅在桌面上眨着眼，煞是可爱。

进军网游，商业模式新开始

2004 年，马化腾做出一个重要的决定，那就是让腾讯进军网络游戏界。其实早在 2002 年，马化腾就有了进军游戏界的打算。2001 年，世界电子竞技大赛——《星际争霸》在韩国举行，中国选手韦奇迪和马天元拿到了双打世界冠军，这让马化腾看到了网络游戏的潜力。另外，网易的丁磊和盛大的陈天桥也开始在网络游戏界相互竞争。

2004 年，盛大借着《热血传奇》风靡全国的势头，在美国纳斯达克上市，时任盛大董事长兼 CEO 的陈天桥年仅 31 岁就成为中国首富。其实，陈天桥本身并不喜欢游戏，但是他对程序的精通让他不得不以身试“戏”。

有一次，陈天桥通宵奋战做内测，角色升级到 28 级后，角色的出招却是一道白光。一般情况下，游戏角色等级高的人发出的光都是绿色的，但是陈天桥设计的角色出招是白光。陈天桥认为，白光是顶级、是空白、是虚无，跟网络游戏的实质一样。

其实，陈天桥本身对游戏是排斥的，他想做实业，但这个愿望一直没有实现。陈天桥曾说，如果他做实业挣了这么多钱的话，百姓肯定会赞扬他，但因为他是做游戏挣的钱，他都不敢过于张扬，生怕惹来麻烦。虽然陈天桥不喜欢做游戏，但《热血传奇》为盛大带来的巨大财富是不容忽视的。

与陈天桥相反，史玉柱是一个游戏狂人，史玉柱在第二次创业的时候，就是从保健品直接跨到网络游戏的。“真爱”是人们对史玉柱对待游戏的评价，史玉柱曾为游戏界提供了许多思想干货。他有篇文章专门讲赚钱游戏中要体现四种“人性”：荣耀、目标、互动、惊喜。

对于马化腾来说，他玩游戏也还行，但不像史玉柱那样痴迷。但马化腾是对商机很敏感的一个人，他意识到网络游戏肯定能为腾讯带来新的发展。另外，马化腾也明白，无线增值业务在腾讯的业务收入中占比过高，而中国移动处于信息产业的上游，如果不居安思危，开拓其他盈利渠道，迟早要受制于人。后来中国移动“倒打一耙”，开发飞信欲取代 QQ，也证实了马化腾的远见。

然而，作为腾讯创始人之一的张志东当时对游戏并不感冒，他认为 QQ 刚有起色，现在又开拓新的战线不是太好。张志东甚至对马化腾说，他们都不是玩网游的人，如果贸然跨过去，会很危险，张志东甚至拒绝了马化腾带他去美国参加游戏展的邀请。

其实，马化腾非常理解张志东，但他还是遵从了自己内心的想法。那次，他和曾李青一起去了美国，开了眼界。美国行之后，马化腾更加坚定了做游戏的决心。之后，马化腾给张志东仔细地讲述了自己对网络游戏的新认识，终于，张志东被马化腾说服了。

为了快速切入游戏市场，马化腾在上海组建了一个运营游戏的分公司，让张志东抽调团队代理韩国的游戏《凯旋》。《凯旋》是一款3D 游戏，当时在韩国的游戏界排名第五。但《凯旋》来到中国后，因为互联网宽带的速度根本达不到玩家游戏的配置，用户体验感极差。游戏上线后，腾讯收到的都是网民们的投诉。

为了获得真实的游戏体验，腾讯的员工跑到全国各地的网吧去体验，结果他们发现，只有深圳的网络不卡，其他的都不行。无奈中，马化腾只好把游戏部门的运营总部搬回深圳。

此时，马化腾才真正体会到张志东当初的担忧，确实，他们不懂游戏，想把游戏做好真的很难。马化腾也意识到，团队里面必须有一个懂游戏的专家才行，于是，任宇昕来了。

任宇昕，1975 年生于四川成都，小学的时候，就开始学习编程。初中的时候，他编写了一个飞行射击的游戏软件，获得了 20 元奖励。1998 年，任宇昕毕业于电子科技大学计算机科学与工程专业，大学毕业后，他就成了华为的一名程序员。任宇昕最初的人生理想是做一名极客。

任宇昕原来在华为工作，后来被张志东挖到腾讯，入职腾讯的头几年，任宇昕一直跟着张志东，随着QQ秀、QQ会员产品的上线，他后来被任命为增值开发部的经理。刚开始的时候，任宇昕想去开发游戏，但张志东说大材小用，所以没有让他去。直到2004年4月，马化腾对任宇昕说："有两个业务，游戏和增值，你选哪一个？"

腾讯的游戏业，前景未明，无法预料；腾讯的增值业务，羽翼丰满，一切顺畅。两个部门，一个刚刚起步，另一个上升势头明显，任宇昕到底应该怎样选择呢？而且，当时腾讯代理《凯旋》失利，该游戏项目的所有参与人员都被解散了，整个队伍士气低迷。

最终，任宇昕选择了冒险，选择了开发游戏。其实仔细想想，他的选择也不难猜到。任宇昕曾经工作过的华为是一个以"狼性"管理著称的企业，因此，他的身上多少已具有了不畏艰难、勇往直前的冒险精神。最终，他选择了一条从零开始的道路。

任宇昕认为，代理《凯旋》失利，主要是因为腾讯在游戏方面的经验不足，因此，选择"边打边练"，不失是个好方法。对此，任宇昕为腾讯游戏选择的主场战是"叫地主，不加倍"的休闲型小游戏。

任宇昕上任后，借鉴丁磊把游戏部门称作"互动娱乐部"的做法，把自己新成立的游戏部门称为"互动娱乐事业部"，这个名字至今还在用。

其实，在任宇昕还没有到腾讯上班的时候，他就和朋友一起编写了一款棋牌类的游戏软件，并把这款软件推销给马化腾，当时接待他的还有张志东。临别前，马化腾问他愿不愿意来上班，他答应了，但并没有立即到腾讯上班。直到 2000 年，任宇昕才到腾讯工作。

可以说，任宇昕对棋牌类游戏的熟知和擅长，是他一开始就接手棋牌类游戏的一大原因。而事实也证明，腾讯的选择没有错。在任宇昕的带领下，经历几年艰难的摸索，腾讯的游戏开发团队自主研发了多款休闲竞技类游戏，占据了超过 45% 的市场份额。

与此同时，腾讯的游戏业务也逐渐走上巅峰，成为全球游戏产业的主要整合者，游戏板块的营收额接近 500 亿元人民币。目前，腾讯游戏已成为腾讯四大网络平台之一，也是国内最大的网络游戏社区。

腾讯上市，开创网络新格局

2004 年 6 月 16 日，腾讯控股在香港联合交易所主板正式挂牌上市，股份代号 0700。其实，关于上市的事情，马化腾和其他几位创始人也是思考了很久。

早在 2000 年，中国的很多互联网公司，如网易、搜狐、新浪等纷纷登陆纳斯达克，这在当时引发了中国网络概念股的狂潮。在这样的声潮中，马化腾也有所触动，但是生性沉稳的他并没有贸然行动，而是一边观望，一边等待时机。

网络世界是变幻莫测的。在一片呐喊声中，最先上市的几家公司股票业绩迅速下滑，其中遭遇滑铁卢的要数网易。

这时的腾讯刚刚走出困境，当马化腾看到网易上市后的悲剧时，他对自己一直思考的“上市”也有了重新的认识，此时的他深怕自己决策失误，把腾讯推入万劫不复的深渊中。

在此之前，腾讯 QQ 曾遭遇强烈的冲击。当时中国的即时通信市场被雅虎和微软等抢滩夺市，国内的网易、新浪等也纷纷雄起，新一轮的互联网革命处在危机四伏之中。在这样内外夹攻的形势下，马化腾表现出了惊人的冷静。

马化腾对公司的同事说：“年轻人是腾讯的主要用户，这对于腾讯来说是优点也是缺点，但是最重要的是把握好前端，腾讯目前最重要的客户基础是新群体的大中学生。MSN 的用户群体其实也是年轻人，它在国外之所以能取得成功，最关键的是实现了捆绑销售，这是腾讯应该学习的地方。”

马化腾还鼓励他的团队说：“即使电信有一天要做 IM，腾讯也没什么可担心的，因为 IM 的门槛不是很高，很多人都可以做。但是所有即时通信提供商想要成功，都必须有庞大的用户群，这是腾讯最大的优势，因为已经做过统计，QQ 上平均每个用户有四十四个好友，所以 QQ 并不容易被击败。”

然而，公司上市是很多企业在发展过程中都梦想达到的。腾讯经过几年的摸爬滚打，也算逐步走上正轨，在这个时候上市，应该算是比较合适的。QQ 的稳步前进，也使得马化腾对腾讯更加有信心。在 2004 年年初，QQ 突围成功，马化腾觉得公司应该上市了。

可是，在哪儿上市呢？是到纳斯达克还是到香港联交所？这又成为马化腾要思考的一个重大问题。马化腾说："公司里面分成三个对立面，一方支持在纳斯达克上市，一方支持在香港联交所上市，还有一方支持两地同时上市。"

马化腾觉得，在两个地方上市都有利有弊：纳斯达克资本市场相对繁荣，能获得更多的融资；香港上市公司的平均市盈率比美国低，但是香港毕竟离深圳近，方便及时处理问题。经过多次讨论，上市的意见仍然没有统一，马化腾感觉头都大了。

这时米拉德国际控股集团公司出现了，它是腾讯的第一大股东，即前面我们提过的南非的投资集团公司 MIH。在马化腾踌躇不定时，米拉德国际控股集团公司起了关键作用，他们建议马化腾，腾讯应该在香港上市，因为米拉德国际控股集团公司已经在纳斯达克上市了。

最终，马化腾采纳了米拉德国际控股集团公司的建议，腾讯就近在香港上市。2004 年 6 月 16 日，腾讯在香港挂牌上市，上市公司简称为腾讯控股，股票代码为 0700。多年以后，在 2018 IT 领袖峰会上，马化腾开玩笑称，选择在香港而不是纳斯达克上市，是因为这样可以让"夫妻作息一致"，即腾讯的用户和投资人能够保持零时差。

腾讯上市的保荐人和全球协调人是著名的投资银行高盛，腾讯也成为在香港上市的第一家内地互联网公司。腾讯在香港上市引起了股民们的强烈反响，腾讯股票以每股 3.70 港元的价格发售了 4.202 亿股，香港零售发行部获得了 67 亿股的认购申请，这样，腾讯一下子就得到了 15.5 亿港元的募集资金。

一夜间，腾讯如鲤鱼跃龙门一样，成功跻身"互联网新贵"。腾讯的整个创业团队成员都一夜暴富，马化腾的个人资产也迅速暴增！在腾讯的创始团队中，马化腾因持有 14.43% 的股权，账面财富是 8.98 亿港元；张志东拥有 6.43% 的股权，账面财富是 4 亿港元；曾李青、许晨晔、陈一丹三人共持有 9.87% 的股权，账面财富合计约 6.14 亿港元。腾讯上市后，共造就了 5 个亿万富翁和 7 个千万富翁。

米拉德国际控股集团公司也因腾讯的上市大获其利，该公司占有腾讯 46.5% 的股权，收购价格是 3200 万美元，腾讯上市以后，该公司拥有的腾讯股份市值达 23.33 亿港元。

米拉德国际控股集团公司在投资腾讯不过三年的时间里，就获得了巨额的升值回报。可以说，这是一家慧眼识英雄的公司，就连建议腾讯在香港上市的眼光也是十分精准的。

不过，最初投资腾讯的盈科数码和 IDG 就没有这么好的运气了。虽然最开始的时候，这两家公司给了腾讯 220 万美元的投资，帮助腾讯渡过了第一次难关，但很快，他们因为看不到收益而撤资，最终错失了与腾讯共享富贵的机遇。对于这两家公司来说，这确实是一个巨大的遗憾。

所以说，做投资，眼光是非常重要的。对于一个人来说，有什么样的眼光，就能收获什么样的成果。如果当初盈科数码和 IDG 坚持投资腾讯，他们今天的收益肯定不比米拉德国际控股集团公司少。

而马化腾，蛰伏待机，稳扎稳打，终于等来了柳暗花明，春暖花开。腾讯，也因此开创了网络新格局，成为互联网的领头羊。

微信问世，腾讯实力更强大

自从企鹅形象问世以后，人们对 QQ 和腾讯的印象就更深了，很多人习惯把腾讯和 QQ 连在一起，称为“腾讯 QQ”。

从创业到上市，腾讯经历了改名、融资、上市等一系列的过程，终于稳定了互联网霸主之位。在微信出世之前，QQ 一直是国人使用最多的即时通信工具。微信是腾讯在 2011 年推出的一款全新的即时聊天工具，当时据说是为了应对新浪的微博才开发的。

而马化腾说：“做微信其实是为了解决从 PC 端到移动端的问题，公司在一步一步发展，产品开发肯定也会一个跟着一个，无所谓说谁跟谁。”

微信的“信”是即时通信的意思，“微”则是马化腾自己想出来的，“微信”这个名称最终也是由马化腾定下来的。只是连马化腾自己也没想到，微信的诞生，会以“星星之火”形成“燎原之势”，最终竟然能够追赶上 QQ，甚至超过 QQ，这不能不说是一个奇迹。

微信的开发者张小龙是在 2005 年的时候加盟腾讯的，负责 QQ 邮箱团队。2010 年年底，张小龙给马化腾发了一封邮件，提出一个建议：移动互联网将来会有一个新的通信工具，而这种新的通信工具很可能会对 QQ 造成很大威胁，所以腾讯必须要有新的社交软件。

当时，马化腾也意识到这种情况发生的可能性很大，他当即批准张小龙带领团队开发新项目。微信立项时，张小龙被马化腾委任为项目负责人。

既然要做微信，就要有与 QQ 不同的体验，这是张小龙所想到的。所以，语音通信功能出现了，这使得微信与 QQ 之间产生了不同。语音通信功能出现后，腾讯的很多高管也不再动手打字了。其实，刚开始的时候，做微信的构想是按照邮箱的形式去做的，只不过做出来以后，张小龙发现，微信是 QQ 的简化版。

下面，我们还是先来了解一下被称为“微信之父”的张小龙，看他到底有什么特别之处能让马化腾委以重任吧。

张小龙，1969 年 12 月 3 日出生于湖南，毕业于华中科技大学电信系，获得学士、硕士学位。曾开发国产电子邮件客户端——Foxmail（火狐邮箱），加盟腾讯公司后开发腾讯微信，被誉为“微信之父”，现任腾讯公司高级副总裁。

在腾讯人的眼里，张小龙是个“怪胎”，生性孤独。他有两个爱好——每周打一次网球和每天深夜都要听音乐。其余的时间，他就是一个工作狂人，带领着团队夜以继日埋头写代码。

在很多人眼里，张小龙是一个优秀而落魄的技术大牛，外在开朗，内在保守。很多时候，张小龙都扮演着一个艺术家的形象，他的作品就是他的艺术杰作。而微信对于张小龙来说，应该也算是一件艺术品了。

想必大家还记得微信 3.0 版本的开机画面吧，黑色的背景下，红色的霓虹灯最终拼成了迈克尔·杰克逊的剪影。

为什么不用传统的黑白色呢？微信设计总监 Kink 说：“因为要表达内心的激情和热血的状态。”Kink 又说：“这种感觉，微信的创作团队已经找了很久。直到一天晚上，张小龙扔给我一把奥迪 TT 的钥匙，说：‘你们去我车里，我已经找到这个感觉了。’”

Kink 说：“当时，车库很暗，车发动起来后，音乐也响了起来，视野中是整片的黑暗，只有车的信息窗和车灯所照射之处，发出一片红色的光晕。”

就是这样，张小龙带领着他的团队开发出了让用户为之疯狂的微信。其实，最开始的时候，张小龙和他的团队并不知道要把微信做成什么样，有人说做成邮箱，也有人说做成像淘宝页面一样的东西。这些最终都被张小龙否定了，他总是说“这个不对”——这是他的口头禅。

张小龙在思考问题的时候，总是会点上一根烟，长久地沉默不说话。这位在同学们眼中兴趣爱好广泛，无论玩什么都能达到很高水平，同时又能把专业课学得非常好的人，在做产品方面却是个偏执狂。他力求把微信做成有情怀的产品，而不只是一个简单的聊天工具。

张小龙是一个“偏执狂”，但同时也是一个有情怀的人。在一次公司内部的演讲中，他谈到了性和暴力、哲学和艺术以及对人性的理解，他说做产品就是要让用户爽。在这次演讲中，张小龙给人留下了深刻的印象，很多人也对张小龙的演讲能力感到震撼。

2013 年 1 月，微信用户数突破三亿。至此，我们不得不说马化腾的眼光是精准的！他看到了张小龙的内在潜力！也正是因为马化腾的发掘，张小龙最终实现了人生中一次完美的逆袭。

对于性格孤僻的张小龙，马化腾对他也是非常容忍的，这腾讯内部员工都是知道的。腾讯的总部在深圳，按照惯例，腾讯内部的主要负责人每周都要到深圳开会，身为腾讯高级副总裁的张小龙，因为身在广州，总是以“起不来”为借口不去开会。对此，马化腾总是不生气。

为了叫张小龙起床开会，马化腾就让自己的专属秘书按时给张小龙打电话，叫他起床。张小龙起床后，还是不愿意去开会，又以“路上太堵，怕赶不上”为由拒绝去深圳开会。对此，马化腾每周都派司机去接张小龙，直到他再也找不出借口为止。

这个在导师向勋贤眼中“喜欢捣鼓电脑，喜欢睡懒觉的年轻人”张小龙，最终被马化腾降服，半推半就地走出了他的世界。

如果不是因为腾讯是上市公司，我们可能无法知道马化腾给高管发工资有多么慷慨。年报显示，张小龙的年薪大约是 2.74 亿港元，也就是说张小龙的年薪将近 3 亿！而此时，马化腾的年薪仅仅为 3282.8 万元。从这一点上，我们也可以看出马化腾对人才的爱惜。

打开格局 迎接未来

第 六 章

千夫所指，3Q 战后大转变

2009 年 12 月 23 日，马化腾以“开放、务实、敏锐、专注”的精神获得了评委和网友的一致认可，因此获中国经济“十年商业领袖”殊荣。作为移动互联网时代的领军人物之一，马化腾并没有把“门”关起来自己独享其成，而是开放大门，让更多的人从中受益。只是，很显然，其开放的程度，在很多竞争对手眼中，还远远不够。

2010 年 7 月，《计算机世界》的封面文章，被提前曝光到网上。其标题立刻掀起轩然大波——《“狗日的”腾讯》。文章以辛辣的文字列举了腾讯的种种罪过，将腾讯视作全民公敌，众矢之的。

“它总是默默地布局、悄无声息地出现在你的背后；它总是在最恰当的时候出来搅局，让同业者心神不定。而一旦时机成熟，它就会毫不留情地划走自己的那块蛋糕，有时它甚至会成为终结者，霸占整个市场。”

文中提到，从即时通信，到门户、游戏、电子商务、搜索、杀毒、音乐等等，几乎没有腾讯不曾涉足的领域。而最可怕的是，腾讯往往以模仿竞争对手的姿态开始，以完胜对手垄断市场收场。联众被 QQ 游戏平台击溃就是典型的例子。

腾讯，被塑造成“无耻抄袭”“贪得无厌”的形象，《计算机世界》指责其阻碍行业发展，扼杀中小互联网企业的创新。

仅仅过去两个月，2010 年 9 月 27 日，360 方面发布了其新开发的一种专门搜集 QQ 软件是否侵犯用户隐私的软件——“360 隐私保护器”。对于 360 的挑衅，马化腾及其团队立即做出反应，指出 360 浏览器涉嫌借黄色网站推广。至此，持续了四年的“3Q 大战”正式打响。

其实，对于这场“战争”，马化腾应该早有心理准备。毕竟几个月前，也就是 2010 年 5 月 31 日，腾讯将 QQ 医生升级为“QQ 电脑管家”，其主要功能几乎覆盖了 360 安全卫士。9 月 22 日，QQ 电脑管家二度升级，增加更多功能，明摆着要让 360 成为下一个“联众”。只是马化腾未必能想到，“红衣大炮”周鸿祎是一块这么难啃的硬骨头。

10 月 29 日，在马化腾 39 岁生日当天，360 公司推出一款新工具——“360 扣扣保镖”。360 官方声称，这个工具能让 QQ 更安全、更好用，因为它有阻止 QQ 扫描硬盘而造成隐私泄露、防止木马盗取 QQ 账号、加速 QQ 等功能。

可是在腾讯看来，这个工具就是一个非法外挂，因为数据显示，只要 QQ 用户在“扣扣保镖”上通过了“同意修复”，其 QQ 好友关系链就会被 360 备份过去。仅仅过了三天，“扣扣保镖”就已截留了 2000 万 QQ 用户数据。这可以说是釜底抽薪，能要了腾讯的命。

接下来发生的，相信大部分 QQ 用户都亲身经历了。11 月 3 日，QQ 弹出对话框要求卸载 360 软件，否则 QQ 将无法运行。二者只能选其一，无法兼容。毫无疑问，最终大多数用户会选择保留 QQ，而被迫卸载 360 安全卫士。

直到此时，可能很多普通用户还不知道“3Q 大战”早已进入白热化阶段，更有甚者可能完全都不知道有这回事。即便周鸿祎在社交媒体上各种炮轰腾讯，只要两个软件都能用，就没真正波及普通用户的正常生活和工作。

可马化腾的这一招，虽属无奈之举，却也让广大不知情的网友极为不满。这之后，在工信部的调解下，两家公司达成和解，QQ 和 360 恢复兼容。在之后的四年里，腾讯与奇虎 360 互诉，最终以 360 败诉，赔偿腾讯 500 万元收官。

在这场战斗中，表面上腾讯是赢家，但马化腾清楚，公司的形象早已受到严重损害，如不改变，舆论的压力必然会越来越大，那样公司的前程就堪忧了。而在更多的人眼中，腾讯就是一个“财大气粗”“霸道垄断”“无耻抄袭”的公司，即使这当中的很多人，都还在继续免费地享受着腾讯产品带来的服务。

其实，在“3Q 大战”之后，不论是马化腾本人，还是腾讯公司，也都有了重大的转变。

对外开放，打造绿色新平台

2011年上半年，腾讯痛定思痛，一下开了十场“诊断腾讯”的专家座谈会，诚心邀请专家给予腾讯最尖锐、最直接的批判，对外界传达痛改前非的意愿，希望通过改革摆脱“抄袭”“封闭”的恶名。同一年，在正式推出微信的时候，腾讯宣布成立对外开放共享平台，与合作伙伴一起打造一个没有疆界、开放共享的互联网生态圈。

腾讯开放共享平台的正式起用，向广大开发者提供了一个研发的大舞台。开发者可以利用腾讯开放平台提供的各种OpenAPI（在互联网时代，把网站的服务封装成一系列计算机易识别的数据接口开放出去，供第三方开发者使用，这种行为就叫作开放网站的API，与之对应的，所开放的 API 就被称作 OpenAPI），开发出优秀且有创意的社交游戏软件及实用工具。开发者可以通过腾讯朋友、QQ 空间、腾讯微博、腾讯游戏、“Q+”等多个社交平台获得巨大的流量和收入。

其实，对于马化腾来说，他最初的理想就是开发出产品，让用户使用并体验互联网所带来的便利。而腾讯开放共享平台的成立，在一定程度上也体现了马化腾做产品的初衷。

我们也可以从腾讯开放平台中看到马化腾对这个共享平台的布局：开发应用、推广网站、商务合作、推广品牌。也就是说，更多的企业和个人，可以通过腾讯的这个平台去挣钱，虽然不可能像马化腾那样获得巨额的利润，但跟在马化腾后面分一杯羹还是可能实现的。

共享平台的开设，提高了腾讯的品牌效应，众多的商家和用户纷纷参与其中。到 2011 年年底的时候，有近三十万开发者入驻腾讯开发平台，提交上线申请应用达到 4 万多款，单款应用月收入超过 1000 万元，平台分成总收入达到 6 亿多元。2012 年，腾讯应用平台上的单款应用月收入超过 2000 万元，第三方总收益超过 20 亿元。2013 年，共享平台上有超过十家开发者的总收益超过 1 亿元，26 款应用月流水超过 1000 万元，100 多款应用月流水超过 100 万元。2014 年，通过腾讯开放平台实现上市的公司超过十家，收益超过 1000 万元的达到一百零八家，合作伙伴公司总估值达到 2000 亿元。

从这些数字中我们可以看出，加入腾讯共享平台的企业或者个人，都在不断地盈利，数以千计的人从合作中获利。

马化腾说，自已刚创业的时候对于别人总是不信任的，总是出于本能地想自己做更多的事，包括做电商、做搜索等。但是共享平台开设以来，自己在开放合作方面的思路也发生了很大的转变，自己更愿意把腾讯想干的事放手交给更加专业的合作伙伴去做。与此同时，腾讯决定把资源和精力全部集中在公司最核心的通信社交平台以及内容产业上来，其他的全部交给合作伙伴。

用马化腾的话说，就是“把半条命交给了合作伙伴”。因此，公司战略上的重大改变，使得腾讯开始涉足各个领域的投资和收购，试图成为“连接一切”的互联网平台。

马化腾还说，腾讯不止是“开放门户”这么简单。腾讯不仅要扶合作者“上马”，还要借东风送他们一程，腾讯除了要进一步开放自己的核心资源、价值外，还要把基本的零配件提供给开发者，让他们能够从腾讯平台这里，安全飞行，并且越飞越高。

但是，需要注意一点的是，门开得越大，进来的人越多，平台发展到一定程度时，就容易形成大开发者占据过多资源，挤占小开发者生存成长空间的状况。因此，近两年来，腾讯下大力气让开放平台为开发者创造出平等发展的生态环境。马化腾希望，让大中小开发者都可以享用腾讯提供的各种开放产品，在同一起跑线上公平良性地竞争。

“3Q 大战”之后的马化腾，开始接受更多的采访，参加更多的活动，寻找更多的合作机会。从某种意义上说，他变得更成熟了。当一个人能正确认识自己的优势时，他必然也能清楚自己的局限，之后考虑问题才会更加全面、更加长远。共享平台的开放，公司战略的转型，去中心化的生态搭建，让马化腾从一个商人逐渐蜕变成一个企业家。

2019 年 3 月，马化腾作为人大代表又把《关于加强科技伦理建设、践行科技向善理念的建议》带到了“两会”。针对加强科技伦理建设，践行“科技向善”，马化腾提出了三点建议。

第一，加强科技伦理的制度化建设。国家层面，建议针对相关新技术制定伦理准则，对新技术应用进行引导和规范。行业主管部门应采取与行业主体、学术团体、社会公众等多利益相关方合作的方式，制定相关伦理准则，并支持行业自律，包括建立伦理审查、成立自律组织、制定行业标准等。国际层面，积极推动新技术领域的全球治理，参与国际标准、规则的制定，包括推动建立人工智能研发与应用的全球共同伦理框架，确保人工智能持续造福于全人类和全世界的发展。

第二，加快研究新兴技术领域的法律规则问题。数据规则方面，应进一步完善数据治理的顶层设计，建立数据收集、利用与保护的基本规则秩序，防范并打击数据滥用行为；人工智能规则方面，要为相关人工智能应用建立安全标准、打击数据及人工智能相关的新型犯罪、为人工智能应用探索制定恰当合理的规则。

第三，加强科技伦理的教育宣传，并鼓励全社会践行“科技向善”理念。建立完善的科技伦理教育机制；搭建科技创新与伦理之间高效对话机制和沟通平台；制定并在教育培训体系中落实全民数字素养培养计划，鼓励全社会、全行业践行“科技向善”理念；鼓励、支持新技术应用的跨学科研究。

2019 年 5 月 6 日，在第二届数字中国建设峰会上马化腾再次谈到了“科技向善”这个话题。他认为人类应该善用科技，避免滥用，科技应该解决自身发展带来的问题；他希望“科技向善”成为未来腾讯的愿景和使命，和业界一起来思考探索构建数字时代正确的价值理念、社会责任和行业规范；他相信科技能够造福人类。

危机四伏，能者生存微信强

中国有句古话：生意做同行，做久变仇人。腾讯的崛起，自然引起了互联网行业其他公司的羡慕和忌妒。

一件产品，如果能给社会带来很大的便利，它便能迅速得到用户的认可，越多的用户认可，产品的使用度就会越高，产品为企业挣的钱也就越多。

微信出来之后，因其简便快速的语音聊天功能而风靡中国，在极短的时间内就成为中国人较喜欢的应用之一。中国联通最先选择和腾讯合作，推出了含微信独立数据包的智能卡，所有相关产品都被称为微信沃克。

每一个企业都会考虑到自身的生存和发展，看到别人做得那么好，想效仿也是自然的。说起来，微信并不是 OTT（是“Over The Top”的缩写，是指通过互联网向用户提供各种应用服务）的始作俑者，却是目前最成功的 OTT 产品。三大运营商中的移动曾经推出飞信，以此来抗衡微信，但最终宣告失败。

后来，电信开发出易信想与微信抗衡。下面，我们先来看一看微信与易信之间的区别：

2011 年 1 月 21 日，腾讯公司推出微信，微信是一个为智能终端提供即时通信服务的免费应用程序，微信支持跨通信运营商、跨操作系统平台通过网络快速发送免费（需消耗少量网络流量）语音短信、视频、图片和文字，同时，还可以使用共享流媒体内容的资料和基于位置的社交插件“摇一摇”“漂流瓶”“朋友圈”“公众平台”“语音记事本”等服务插件。

2015 年 6 月，网易和中国电信联合开发出易信，易信是一款能够真正免费聊天的即时通信软件，它拥有的功能包括独特的高清聊天语音、免费电话、免费海量贴图表情、免费短信以及电话留言等。易信支持跨通信运营商、跨手机操作系统平台，可以通过手机通信录向联系人免费拨打电话以及发送免费短信，向手机或固定电话发送电话留言，同时，也可以向好友发送语音、视频、图片、表情和文字。此外，还可以通过“朋友圈”拍照记录生活，上传文字、图片，与好友们分享自己的近况。

通过两者的对比，我们不难发现，易信的大多数功能也是模仿微信而来的，但在应用上，易信仍然不如微信那么全面。而且，微信是2011年推出来的，而易信则是2015年推出来的，这中间的四年，也是易信不可逾越的一个距离。

运营商与互联网公司合作是很正常的事。联通与腾讯合作，后来，电信就与网易合作。网易的丁磊是马化腾的老友，最初，他看不起马化腾的QQ，但是当QQ成功之后，他又觉得这种即时通信工具是一块肥肉。所以，这次丁磊联合电信推出易信，估计也是想从即时通信工具中分得一杯羹。另外，有着游戏情怀的丁磊，也曾对媒体说过："对于手游来说，渠道非常重要。这也是我们做易信的一个很重要的原因。"

易信推出的当天晚上，微信遭遇网络攻击，且出现了持续三个小时的网络故障。网络故障导致用户无法登录微信公众平台、朋友圈无法更新等网络故障。这是微信内部发生的技术故障，还是易信的有意而为之，我们无从知晓。

走出国门，微信试图国际化

当微信在国内稳步前行时，马化腾渐渐意识到，微信也应该像QQ一样走出国门，影响世界。有了这样的意识之后，马化腾便开始慢慢地寻求将微信推出国门的机会。不过，此时的国外市场，正在被另一个强大的应用所占据，它就是 Facebook（脸书）。

Facebook 是美国的一个社交网络服务网站，由马克·扎克伯格创立于 2004 年 2 月 4 日，总部位于美国加利福尼亚州帕拉阿图，2012 年 3 月 6 日发布 Windows（微软公司生产的“视窗”操作系统）版桌面聊天软件 Facebook Messenger（Facebook 信使）。

Facebook 问世以来，迅速占据了世界一百三十多个国家和地区。

无论是从覆盖范围还是从全球用户数量上来说，Facebook 都比其他社交应用软件的应用范围更广。根据 Facebook 2017 年第二季度财报显示，Facebook 的月活跃用户数已经超过 20 亿，稳坐全球第一大社交应用宝座。

当马化腾意识到微信的巨大市场后，他便将微信视为腾讯打开国际市场的一把钥匙，微信在诞生后不久，就投入了巨额资金在海外推广。只是，微信登陆国际市场的过程还是比较艰难的，这其中有三个阻碍因素：

第一个因素，Facebook 诞生于 2004 年，而微信诞生于 2011 年，也就是说，微信出生时，Facebook 已经 7 岁了。七年的时间，不长但也确实不短，就算是一个人，经过七年的时间，性格习惯也都逐渐养成。所以说，当微信进入海外市场的时候，海外用户已经习惯使用 Facebook 了，而且身边的朋友也都在使用这款软件，因此微信很难改变海外用户的使用习惯。

第二个因素，前面我们提到过语言方面的问题。相比于 Facebook，微信的海外用户绝大多数是在海外学习、工作的中国人，或者华侨、华人等，真正的外国人使用微信的少之又少。

第三个因素，外国人对“中国制造”缺少信任感。

从上述情况来看，微信想在国外拥有一席之地，确实不太容易。但从 2013 年 9 月微信进入南非后，一直高居黑莓和苹果应用商店的下载榜榜首。除了南非，微信占领的非洲市场还包括尼日利亚、加纳、肯尼亚等国，几乎囊括了大半个非洲。

微信受到国外用户的欢迎，更多是因为它的支付功能。目前，微信支付已在中国香港和中国台湾、泰国、韩国、日本、新加坡、新西兰、澳大利亚、加拿大等 12 个国家和地区实现落地，支持英镑、港币、美元、日元、加拿大元、澳大利亚元、欧元、新西兰元、韩元等 11 个币种的直接结算。

不过，从 2012 年开始，马化腾就对微信进行全新的全球战略部署，并找来足球明星梅西作为微信的国际形象大使。里奥·梅西（Lionel Messi），1987 年 6 月 24 日出生于阿根廷圣菲省罗萨里奥市，阿根廷足球运动员，司职前锋，被西甲官网评为“史上最佳球员”。这位五度加冕金球奖，四度夺取欧洲金靴奖的优秀足球前锋，在世界球迷的心里有着极高的地位。

而足球所体现的体育精神，它本身的观众基数、影响力以及带来的经济效益都深深地影响着世人。马化腾选择梅西作为代言人，更是充分考虑到微信的国际化战略，这一做法不仅极大地提高了微信的知名度，还给微信品牌定下了很好的前景。

不过，对于微信要走的国际化路线，马化腾仍然是审慎的，亦如他自己说的那样，每一步都是如履薄冰。不过，马化腾也坚持认为，随着中国的强大以及在世界影响力的增大，微信占领世界市场是有希望的。

创新使命，洗白抄袭之骂名

马化腾最初的 OICQ 是模仿 ICQ 而来。对此，新浪网的创始人王志东曾公开批评马化腾，说“他是业内有名的‘抄袭大王’，而且是明目张胆地抄、公开地抄”。对于这个“抄袭大王”的名号，马化腾本人却并不认同，他坚持认为，腾讯的成功源于两点：一是重视用户体验；二是重视创新。

马化腾曾说：“创新是中国互联网的核心驱动力。”腾讯不仅以创新为发展理念，还成立了腾讯研究院。在马化腾的认知里，抄袭和模仿是两个完全不同的概念，前者完全照搬，而后者则需要创新。

国内、国外的公司，很多都是通过模仿而来的，比如，美国的雅虎曾被新浪、搜狐等门户网站“抄袭”；美国谷歌的翻版是百度；美国亚马逊网站的经营模式被当当网全盘“抄袭”。但是，这几家互联网公司仍然发展得很好，且成了中国的顶尖企业。

在腾讯，创新一直都是公司的发展理念。其实，腾讯很早就推出了邮箱，只是不久就停用了，原因是在开发邮箱的时候，公司没有创新，没有在其中加入能够留住用户的东西，所以连马化腾自己都不愿意再用第二次。

马化腾曾说：“腾讯一直鼓励创新和协作，在开放的道路上我们也在通过各种形式帮助创新的中小团队快速成长，这个初衷不会变。在创业的道路上，对移动互联网有敏锐的前瞻性、了解年轻用户群体、及时进行产品更新迭代、坚持创新精神的团队，才会是最后的胜利者。”

正如吴晓波在《腾讯传》里说的，“小步快跑，试错迭代”，正是腾讯特有的创新方式。一个优秀的互联网产品，通常其本身一开始就有一个好的原始创意，但还需要持续的无数的微创意来加以完善，才能获得更多的应用场景，最终俘获用户的芳心。

腾讯前首席技术官熊明华说：“创新的体系是腾讯成功的重要原因，正是基于用户的研究中心、创新中心和研发中心的紧密配合，才使得各种创意能被快速收集并顺利转化成更优秀的产品。”而马化腾在接受采访的时候也表达了同样的意思：“在创新过程中，一个完善的创新系统无疑是创新成功的最重要的保障。”

2006 年 5 月，腾讯成立了“以创新应用为主旨”的创新中心。作为腾讯的特殊部门——创新中心，熊明华说：“创新中心的成立是腾讯最重要的一件事，它是公司的特区。腾讯希望创新中心的星星之火可以燎原。如果说腾讯是一架飞机，创新中心就是航空燃油。飞机为了能飞得更远，就需要有足够的备用待加的燃油。创新中心在管理和考评方面都有一定的自由度，从某种意义上说，它是百分之百地做创新的工作。”

2007 年 10 月，腾讯在创新中心的基础上，投资 1 亿元成立了腾讯研究院。这是国际上高科技企业为保障公司的技术创新能力所采取的重要战略措施，腾讯也因此成为中国第一家自主建立研究院的互联网公司。

马化腾特别为研究院制定了短期目标和长期目标。短期目标是：在未来的 2 ~ 5 年内，重点研发互联网的实用性基础技术，提升互联网创新，以便在 3G 时代占据先机。长期目标是：与全国一流的科研机构紧密合作，为中国互联网储备和培养高端技术人才。

马化腾为腾讯开发、研制了一系列的创新体系，他正在以自己的实际行动，洗白“抄袭大王”的“恶名”，相信终有一天，人们会淡忘其曾经被冠以“抄袭大王”之名。

QQ、微信，撑起腾讯半边天

在微信还没有出现的时候，一提到腾讯，人们就会想到 QQ。在微信出现之前，可以说，QQ 占据人们的日常应用有很长一段时间。而 2011 年微信问世之后，就以其独特的魅力吸引了大量的用户，短短几年时间，微信的用户量就赶上了 QQ，甚至有超越 QQ 的势头。

根据腾讯的数据显示，2016 年 9 月，微信和 WeChat 的合并月活跃账户数达到 8.46 亿，同比增长达 30%，与此同时，QQ 用户增长只有 2%，用户数达到 8.6 亿。而到 2018 年第一季度，微信和 WeChat 合并月活用户已超过 10 个亿，QQ 月活用户则仍为 8 亿左右。

有广告行业人士分析指出，按照网络广告千人展示成本 10 元到

100 元区间计算，如果按照每日有一亿用户浏览，每人 4 次广告推送页面计算，每日收益区间 400 万元到 4000 万元，年收入区间在 14.6 亿元到 146 亿元。按照微信品牌和用户黏性计算，百亿收入并不是高估。

根据腾讯 2018 上半年财报显示，截至 2018 年 6 月 30 日，腾讯上半年的总营业收入已达 1472.03 亿元。游戏业务仍然是主要收入来源，其占比从 2016 年首次下降至 50% 以下之后就维持在 40% 上下。

2018 年第二季度，网络广告业务的收入增长中，除去媒体广告外，社交及其他广告的收入同比增长 55% 及环比增长 27%，主要得益于 QQ 和微信庞大的用户基数，而渠道集中分布在 QQ 看点、微信朋友圈、小程序和微信公众账号。

从 QQ 和微信的受众群来看，QQ 偏向于年轻人使用，而微信更偏向于成熟人群，当然，两者都用的人还是不少。但这足以说明，微信变现的空间非常大，微信盈利的趋势势必会超越 QQ，毕竟成年人的经济能力肯定更强。

2015 年，在首届中国互联网移动社群大会上，腾讯公司副总裁、即时通信线负责人殷宇曾说，QQ 与微信不是竞争关系，只是产品有一定的区隔。这个区隔，其实指的就是年龄的层次，有人指出，25 岁成了微信和 QQ 用户群体划分的分水岭。

写到这里，作者不禁想起一件非常有趣的事——有位朋友，原来的 QQ 签名上写着：QQ 不常用，有事加微信。这位朋友是一个公司的文字编辑，年龄在 25 岁以上。刚开始的时候，他觉得使用微信比较方便，因为微信上没有上线提示，当他登录微信的时候，别人也不会知道他上线了，因此对工作的影响不会太大。另外，微信似乎也是一种身份的象征，使用微信，不会让别人觉得你不成熟，不足以承担大任。

但一段时间之后，我发现他的 QQ 又挂上了，签名上写着：原来我还是年轻人！一问详情，原来这哥们最近写了网络小说，而网络小说的同行都在 QQ 群里。于是，他不得不重新启用 QQ，在 QQ 群里和同行沟通交流。

不管如何，QQ 和微信已全面进驻人们的生活，成为人们沟通交流不可或缺的一种工具。然而，用户不管是使用 QQ 还是使用微信，终究都离不开腾讯。正如殷宇所说："QQ 和微信不是竞争关系，因为它们属于同一个公司。"

正因为有着庞大的用户群，QQ 与微信几乎成了腾讯的支柱型产品和招牌产品。对于普通民众来说，很多人可能不知道马化腾，但没有不知道 QQ 和微信的。当然，对于用户来说，他们最在乎的是产品的实用性以及它所带来的诸多便利。

其实，对于马化腾来说，他也不在乎用户是不是能记住他，因为他一向就很低调，他更在乎的是用户对于他产品的认可和接纳。至少到目前为止，QQ 和微信交出的答卷还是让马化腾感到满意的。

去中心化，“互联网 +”前景好

时代在发展，腾讯在前进，作为腾讯主要创始人的马化腾也要不断地思考更多的东西。当一个人或者一个企业发展到一定阶段的时候，他就不能只为自己思考，而应该试图为整个人类和社会而思考。正如《蜘蛛侠》里的一句台词：“能力越大，责任越大。”

腾讯从最初的模仿到自主创新，再到被模仿，它已经走出了一条属于自己的路。一路走来，被腾讯模仿的企业很多都倒闭了，想模仿腾讯的也跟不上腾讯的步伐。现在，只有腾讯，在模仿中创新，在创新中腾飞，并形成了属于自己的腾讯文化。

2015 年，在广州国际投资年会上，马化腾说：“腾讯在四年的开放基础上要打造出全要素众创孵化平台，我们希望将腾讯已有的资源，包括账号体系、社交关系链、应用分发、支付能力、流量、云计算等都开放给创业者。”马化腾希望为创业者提供一站式服务，让“大众创业、万众创新”成为一种“新常态”。

马化腾说，2013年，他在上海举行“众安保险”成立大会，当时做了一次访谈，他第一次认识到了互联网是一个跨界的概念。那时，很多人都把互联网定义为一个颠覆、冲突和替代事物的虚拟经济。

但是马化腾的想法略有不同，他觉得这是一个工具，所有的行业都可以使用互联网。当时他打了一个比喻，就像蒸汽机和电力代表了两次工业革命一样，他把互联网定义为第三次工业革命的一部分，因为互联网和传统行业也在不断地融合，所以互联网应该是一种重要的信息能源。

现在，很多行业都试图把“互联网+”这个新的概念融入自己的行业当中。如果你不这么做，那么，你在所处的产业和行业就会落伍抑或被淘汰。

马化腾还讲道：“两年半以前，微信遭遇了一场风波，是和运营商之间的，有人认为短信被微信取代了，通道也被微信占据了，运营商面临着被淘汰的结局。当时，他和腾讯都面临着巨大的压力，在北京时，有人曾问他：‘微信是否要收费？’这让他觉得，可能传统的通信方式真的会受到互联网通信方式的冲击。”

还有一次是和阿里巴巴的合作中，马化腾的腾讯和马云的阿里巴巴在共同推进互联网金融的问题上引发了监管部门的关注，其中网络信用卡被叫停。从这里我们可以看出，互联网发展到一定程度的时候，势必会与传统行业发生冲突，比如在与金融业的整合中遇到了很多的问题，但是这些问题是健康的，是可以规避和解决的。

近几年，移动互联网的发展越来越快，中国成了世界上网民最多的国家。根据《中国互联网络发展状况统计报告》的数据显示，截至 2018 年 6 月，中国网民数量达到 8.02 亿，其中手机网民规模达 7.88 亿，中国的手机用户也是全球第一。这是一个很大的商机，同时，在中国，这也是一个难得的机遇。

腾讯内部曾做过一个大的变革和机构调整，以此来适应移动互联网和互联网与传统行业的结合。在此之前，腾讯什么业务都做，只要觉得腾讯能做的，都要拿来做，这样才“显得自己强大”。但是现在，腾讯改变了原来的经营策略，倾向于领域的专注。于是，腾讯主动地砍掉了很多 O2O 和小业务，并把电子商务和搜索都卖掉了。

时代在发展，人类的思维也必须跟上时代的步伐。现在，马化腾对腾讯的定位变简单了，腾讯只做开放平台和连接器，而连接器主要是一种通过微信、QQ，把人、服务和设备三者连接起来的工具。马化腾认为未来的“互联网 +”模式不会像过去那样像个集市，而是去中心化。

什么是去中心化呢？去中心化是一种现象或结构，必须在拥有众多节点的系统中或在拥有众多个体的群中才能出现或存在。节点与节点之间的影响，会通过网络而形成非线性因果关系。这种开放式、扁平化、平等性的系统现象或结构，称为去中心化。

微信最初的设计，就具有明显的去中心化的特征。对比其他产品，比如新浪微博会有推荐关注、热搜榜；百度会有时事热点、兴趣推荐；短视频、直播会有首页推荐、人气排行。可是对于新注册的用户，微信就是一张白纸，它不会推荐公众号给你，也不会给你小程序的排行榜。朋友圈的文章，是通过个人与个人之间传播的，每个人都是一个“节点”。只有你喜欢一篇文章，才会去关注它相对应的公众号。这就好像到一家朋友开的自助餐厅，你尝到了自己喜欢的食物后，让餐馆定制一份私人菜单，而不是由餐馆统一给每一位新来的顾客一份提前准备好了的菜单。

当然，后来的微信游戏、“看一看”又有了中心化的特征。公众号文章的阅读数、点赞数，也并非去中心化，同样会影响个体独立判断的能力。但是，完全的去中心化也有着明显的缺陷。

比如，有的特定群体辨别是非的能力太弱，当他们接触信息的渠道又仅仅是他们的朋友圈时，就容易被犯罪分子利用。犯罪分子只需要在这个群体中随意找到一个“节点”，就可以通过散布谣言，在短时间内让相当多的人上当受骗。虽然去中心化，有着自我净化、淘汰有害节点的特性，但这是需要时间积累的。

就像张小龙在他的首次公开演讲里说的，“一切以用户价值为依归。”如果每个用户个体能够明白什么内容对自己和社会是有价值的，那么就可以让价值导流量，而不是流量导价值，时间一长，没有价值的内容就会因为没有流量而自然地被边缘化、被淘汰。最后每个人都能在不危害社会的前提下各取所需，去中心化的终极目标就达到了，即资源分配的最优化，以及资源利用的最大化。可是如果用户没有能力独立思考、辨别是非的话，用户自认为对其有价值的信息和内容，可能最后反而会害了他们周围的朋友。所以对去中心化的规范和引导，有时候还是非常必要的。

马化腾觉得，去中心化和场景化的经营管理模式，能将各行各业中已经在自身垂直领域内做出成绩的合作伙伴更好地黏在一起，只有这样，生态的力量才是最强大的。为什么说合作伙伴需要在自身垂直领域已经做出成绩？这其实是一种保障，说明他们已经从专业的角度制定了合理的“中心化”的规章制度，将不法分子带来的伤害降到了可控程度，得到了绝大部分用户的认可。只有在这种前提下共享资源，“去中心化”才能达到互利共赢。总的来说，腾讯“互联网+”的经营管理模式是一种立足长远，更加智能化的解决方案。

马化腾说：“腾讯现在正在积极推动和各大城市做‘互联网+’方面的合作，合作涉及政务、民生等方面，除此之外，腾讯更希望跟各地的经信委合作，把‘互联网+指数’这个概念提出来，并且客观地评估出城市的产业在‘互联网+’当中进展的程度以及结合的程度。”

腾讯的开放平台，能为合作者创造出丰厚的盈利，合作平台能够产生超过2000亿元的产值，分成达数百亿元，可以再造一个腾讯了。现在，在国家政策的指引下，新“互联网+”的出现，还有O2O的结合，会给每个创客或者创业团队一个新的、很好的创业思路。

腾讯用了三年的时间来做准备，最终提出了开放平台。鉴于国家现在提出一个新的众创空间的概念，于是，马化腾在移动互联网大会上宣布了腾讯开放战略转型，升级为众创空间。

马化腾希望各大城市都能团结起来，及时提供新鲜的、实用的、有价值的信息，形成一种资料和信息共享的状态，一起把“互联网 +”这个创新创业平台建好。

众创空间是腾讯开放共享平台之后的又一个创新点，去繁就简的商业模式更接近于马化腾的想法。作为一个产品经理人，马化腾希望腾讯能够多出像 QQ、微信这样适合更多人群使用的工具，而这些也正是支撑一个企业长久生存的动力。

创业坎坷，跨过困境迎辉煌

2016 年，马化腾在接受清华经管学院院长钱颖一的采访时提到，在腾讯的发展史上，他一共经历过三道坎：第一道坎是在早期创业时；第二道坎是与 MSN 竞争时；第三道坎是在新浪微博出现时。

第一道坎：腾讯 QQ 因模仿 ICQ 而惹上官司。

马化腾的创业之路也很艰难，毕竟，马化腾和他创业团队里的几个人都不是富二代，充其量也就马化腾的家庭算是相对富裕的。但是，在创业这块，马化腾也没有“输得起”的本钱。

在创业的初期，产品的开发、公司的生存，都是马化腾需要考虑的问题。我们都知道，QQ 最初时是模仿 ICQ 而来的，在 QQ 成为中国版本的应用之前，ICQ 就把腾讯给告了，并要腾讯立刻停止用 OICQ。虽然，最后腾讯公司以赔偿和改名对这个事件做了了结，但这样艰难的起步，对于初次创业的马化腾来说，确实是一个不小的打击。

当腾讯面临着资金困难、无法生存的境况时，有一天，一位员工一大早去找马化腾签名，当马化腾签完名与员工说话的时候，这位员工看到在办公室过了一夜的马化腾，头发脏杂，面色焦黄，双眼无神且布满血丝。这样的马化腾，让员工也觉得异常疼惜，可见当时腾讯的困境让马化腾真的是焦急难耐。

第二道坎：MSN 的出现。

MSN，全称 Microsoft Service Network，是微软公司旗下的门户网站。MSN 是微软发布的一款即时通信软件，可以与亲人、朋友、工作伙伴进行文字聊天、语音对话、视频会议等即时交流。

2005 年 5 月 26 日，上海美斯恩公司宣布通过与中国本土九家企业合作，正式推出 MSN 中文网站与 MSN 即时通信标签服务。这时，腾讯 QQ 步入正轨也不过三四年的时间。在中国，MSN 以其简洁实用的风格迅速占领市场，又因 MSN 拥有全球通用性的特点，这在无形之中提升了用户的层次。

MSN 没有 QQ 那样复杂的功能，没有广告，没有弹窗，这对于需要安静工作的上班族来说，再合适不过了。就这样，马化腾的 QQ 遭遇到 MSN 的强大冲击。

不过，上班之余，还是有很多人喜欢 QQ 的。那时出现一个有趣的现象：很多人上班用 MSN，下班用 QQ。而有人预测，长期下去，

QQ 将败于 MSN。腾讯因为 MSN 的进入而深感压力巨大，马化腾当然也不例外，作为腾讯的掌舵人，他必须想办法来应对这次危机。

当时，马化腾意识到，来自 MSN 的危机应该是暂时的，因为中国人有个习惯，就是不喜欢太麻烦的事情。因此，马化腾觉得上班用 MSN，下班用 QQ 的现象也是暂时的，最终人们只会选择用一种工具，而不会两者都用。现在腾讯唯一要做的就是把 QQ 做得更好更全面，更适合中国人。

在本书前面的内容中，我们也具体分析过 MSN 与 QQ 的差异，以及腾讯能打败 MSN 的原因。而马化腾本人说，最关键的是腾讯在网络上做了大量优化，保证了传输速度，用户体验这一点，比 MSN 做得要好。后来推出的聊天室，以及个性化头像，也都深得网友喜爱。

最终，在 2014 年 10 月 31 日，MSN 服务关闭，正式退出中国市场。MSN 危机告一段落后，QQ 快速地进入人们的生活。

第三道坎：新浪微博的出现。

2009 年 8 月，中国门户网站新浪推出“新浪微博”内测版，成为门户网站中第一家提供微博服务的门户网站，微博正式进入人们的视野。微博是博客的缩小版本，以 140 字（包括标点符号）的文字更新信息，并因即时分享、评论和转发功能迅速获得人们的青睐。

随着微博在网民中的日益火热，微博中诞生的各种网络热词也迅速走红网络，微博效应逐渐形成，并以强势的姿态扫荡世界。大批名人纷纷进驻微博，并迅速聚集人气，而微博粉丝的多少，也成为名人之间暗中较量的资本。普通人群关注名人，可以在微博上获取名人的第一手信息。

在某种程度上，微博也催生出了很多草根英雄。微博的即时传播性使得一个人的走红变成了轻而易举的事情。名人聚集地成了微博的代名词，截至 2014 年年底，微博注册用户超过 6 亿，成为中国网民上网的主要活动之一。

相比 MSN，新浪微博的来势更加凶猛。其中一个原因是新浪微博来自本土，而早前成立的新浪博客一直是国民所喜欢的网络平台；另一个原因则是微博所聚集的名人效应是 QQ 所没有的。

在微博上，名人们不需要和粉丝进行即时通信，他们只需要自说自话，就能迅速吸引广大粉丝的关注和追捧：点赞、留言、转发。而这一点，也是 QQ 做不到的。虽然，QQ 空间上也有点赞、留言等功能，但毕竟只有加 QQ 的好友才能看到，但微博不需要这么麻烦，它会不时地更新最新的动态信息，这样，即使不关注，也能随时看到想看的名人动态。

所以说，微博对于 QQ 的杀伤力比 MSN 有过之而无不及。鉴于此，腾讯随后也推出了腾讯微博。但是，这种借鉴并没有起到太大的作用。因为新浪在新闻媒体行业专注了多年，而微博的特性，恰恰是以服务大众传媒为主的，新浪在资源对接、传媒资讯、用户体验等方面必然有着更大的优势。而腾讯的强项，一直都属于社交领域的产品和服务，所以后来腾讯放弃微博，转而专注于微信的建设，是非常务实和明智的选择。

之前我们提过，新浪微博的中心化设计是显而易见的。内容资讯，主要是以名人大V、权威机构等方式，自上而下的线性传播，之前的新浪博客同理。而微信朋友圈里的内容，则更多的是通过熟人之间点对点式地传播，这在QQ空间里就已经有所体现。这也是为什么传统媒体更倾向于新浪微博这个平台，而自媒体大多从微信起家。而这两者不完全是我们印象中的竞争关系，从定位上来看，更多的是错位互补的关系。

微信的定位，意味着它与新浪微博不存在恶性竞争关系。因此，它能够代替腾讯微博解决从PC到移动端的需求，一点儿都不令人意外。毕竟，在满足熟人社交这种刚性需求方面，腾讯的服务是得到了社会的长期认可的。

立足当下　服务社会

第　七　章

《王者荣耀》，创下游戏高产值

2015 年，一款游戏在网民中间炸开了锅。这款游戏一经问世就风靡整个中国，它叫《王者荣耀》，来自腾讯游戏平台。马化腾曾说："《王者荣耀》是成都团队无意中送给腾讯的礼物。"它应该是马化腾最满意的一个作品了。

就像提到微信就不得不提到张小龙一样，提到《王者荣耀》也不得不提到一个人，他就是被称为"《王者荣耀》之父"的姚晓光。姚晓光，腾讯公司副总裁，天美工作室群（TIMI Studio Group）总裁。姚晓光是在 MMO（是一种多义词。可表示为游戏类型，音乐类型）、ACG（是英文 Animation Comic Game 的缩写，是动画、漫画、游戏的总称）、移动游戏等多个领域取得成功的制作人，而且还是一个全能型的人才，被誉为中国网游行业“十大领军人物之一”。

17 岁那年，姚晓光和同学在自己家庆祝生日，他和同学一起打暴雪的《暗黑破坏神》，游戏结束的时候，姚晓光萌发了自己开发游戏的念头。上大学的时候，姚晓光已经在网上小有名气，那时候，已经有人找他做一些简单的游戏软件了。

在游戏界游走的时候，姚晓光认识了一批游戏开发者。后来，他跑到福州，加入了一家叫“天晴数码”的公司，做一个叫《幻灵游侠》的回合制网游项目。因为这款游戏，姚晓光赚到了一些钱。

2005 年年初，腾讯副总裁唐毅斌亲自上门拜访姚晓光，请他加入腾讯，但姚晓光没有答应。不过腾讯当时已经看中了姚晓光在游戏方面的能力，一直没有放弃说服他。经过一年多的沟通，姚晓光终于松口，加入了腾讯。2006 年姚晓光加入腾讯后，开发的第一款产品就是 2008 年发布的《QQ 飞车》。

2012 年下半年，微信已经拿下了两亿用户。马化腾也曾多次公开表示，移动互联网最先规模化盈利的可能在移动游戏方面，这也意味着，马化腾已经意识到了移动游戏的重要性。

从影响力来说，《王者荣耀》较之《英雄联盟》，就好似微信较之 QQ。张小龙用他的极简主义，将用户体验做到极致；而姚晓光则靠着“像蘑菇一样思考”，与广大玩家深度同步，他曾讲过这样一个笑话。

有个精神病人，每天什么都不做，就打着一把伞蹲在一个角落里，所有医生都觉得这个病人没救了。一天，一位心理专家拿着一把一模一样的伞蹲在他身边，什么都不说。一个星期后，他终于忍不住向专家凑了凑，说了一句话："难道你也是蘑菇？"

在姚晓光眼中，很多玩家就像精神病人一样令人难以理解。所以他通过到网吧找玩家座谈，在几百个 QQ 群里听玩家的吐槽和反馈等方式，像心理专家一样深入玩家内心，对玩家的经历感同身受。于是，游戏版本能够及时迭代，满足玩家需求，最终赢得市场。

腾讯发布的 2017 年第二季度财报，其中《王者荣耀》等手游贡献 148 亿元收入，同比增长 54%，第一次超过 PC 游戏收入。

虽然《王者荣耀》为腾讯创造了巨额的收益，但是这款游戏也给腾讯带来了两个极端的影响：有人对《王者荣耀》赞不绝口，而有人对它深恶痛绝。马化腾也因此被推到了舆论的风口浪尖上。

对《王者荣耀》赞赏的人不免会说一些"这款游戏好玩、刺激"之类的话。而对《王者荣耀》批评的人则说，一家企业，一个游戏，如果只想着赚钱，身上没有责任和道德的血液，不衡量它对社会所造成的影响，那么它注定走不远。

游戏不是洪水猛兽，也不是鸦片毒品，没有天然的罪责，但如果在保护未成年人上缺乏担当，就罪不可赦。当《王者荣耀》风靡大江南北的时候，很多家长开始表示对《王者荣耀》的厌恶，因为这款游戏太耽误孩子的学习了。许多学生家长集体抗议，终于，腾讯发出了“限时令”：

> 2017年7月4日起《王者荣耀》12周岁以下（含12周岁）未成年人每天限玩一小时，并计划上线晚上九时以后禁止登录功能；12周岁以上未成年人每天限玩两小时。超出时间的玩家，将被游戏强制下线。

在2018年的全国“两会”期间，作为人大代表的马化腾，在回答《中国青年报》的记者提问时指出，我们应该重视青少年沉迷网络游戏的现象，但不宜一禁了之。他提议可以用技术手段让家长和孩子订立数字契约，比如孩子的学习、家务、户外活动等日常任务，可以直接与玩游戏时长挂钩，如果孩子履约完成任务，就可以给予奖励，若未完成，则游戏平台可以阻止孩子玩游戏，甚至发现和防止孩子使用“小号”玩游戏。

在这里，我们依然可以看到一个务实的理工男形象，提倡利用技术来解决问题。

腾讯的“成长守护平台”于2017年2月上线，根据数据显示，一年以来，在成长守护平台的孩子相比守护前，月平均游戏时长下降25%，充值额度最高下降37%。2018年6月20日，腾讯宣布推出“未成年人游戏消费提醒”服务，单日消费超过500元的，系统会自动联系监护人。7 月 3 日，标准改为三十天动态累计消费 500 元及以上。7 月 14 日，标准再次下调到三十天动态累计消费 300 元及以上，预测系统将来会进一步完善。

生活 O2O，快捷支付无人及

马化腾最初做 QQ 的时候，只是因为它的即时聊天功能，那时马化腾的想法很单纯，觉得这项应用如果得到用户的认可并使用，就很不错了。可是，随着社会的发展，人们的需求也在不断升级，QQ 所延伸的产品已经超出了马化腾所预想的范围。

互联网的迅速发展，极大地带动了人们的消费观念。2013 年 6 月 8 日，苏宁线上线下同价，开启了 O2O 模式的序幕。O2O 即 Online To Offline（在线离线 / 线上到线下），是指将线下的商务机会与互联网结合，让互联网成为线下交易的平台，消费者可以通过线上来筛选需求，在线预订、结算，甚至可以灵活地进行线上预订，线下交易、消费。O2O 的概念非常广泛，既可涉及线上，又可涉及线下。

而实现 O2O 营销模式的核心是在线支付。早期的 O2O，只是一种流量导向，利用网络平台，把顾客导向网下的实体店进行交易。然而，随着技术的发展，O2O 基本上已经具备了目前大家所理解的要素。这时，网上交易开始多起来，再到后来，O2O 模式更加垂直分化，比如，专注于快递物流的速递易、高端餐厅排位等，由原来的细分领域的解决某个痛点的模式开始横向扩张，覆盖到整个行业。

因为实现了在线支付，实现了整个快递速递的配送服务，O2O 模式迅速扩展到人们生活的每一个角落。下面，我们来看下腾讯所服务的领域。

在一张叫作“腾讯的亚马逊森林生态”图上，我们可以看到，腾讯的版图已经扩展到生活的每一个角落：滴滴快车、人人车、京东、知乎、挂号网、美团、同城旅游、微众银行等。也就是说，只要你有钱，只要你能使用网上的支付方式，你所想得到的东西，在腾讯所提供的服务上，都能实现。

前面也说过，O2O 营销模式的核心是在线支付。而在现在的支付方式的选择上，有两个支付方式是最受大众欢迎的：一个是马云的支付宝，另一个就是马化腾的微信支付。

马云的支付宝是在 2004 年推出的，旗下有“支付宝”与“支付宝钱包”两个独立品牌。支付宝是一种致力于提供“简单、安全、快速”支付解决方案的第三方支付平台，它是国内第一款以互联网技术与现金相通的付款工具。自 2014 年第二季度开始成为当前全球最大的移动支付厂商。

而马化腾的微信支付则是到了 2014 年才推出，中间相差了近十年的时间。微信支付是由微信社交关系链延伸出来的功能，它开始于用户之间相互转账的社交需求。

从最初使用范围来看，支付宝在市场上占据着主导地位。有消息称，在 2016 年，有 4.5 亿实名用户使用了支付宝。并且，阿里巴巴旗下的金融公司——蚂蚁金服首席战略官（CSO）陈龙还表示，目前阿里巴巴正在拓展印度、菲律宾、韩国和印度尼西亚等市场。此外，蚂蚁金服也希望中国人在海外任何地方都能使用支付宝，因此支付宝也提供了相当多优质的服务给国内出境旅游的用户。

得益于马云一直以来对拓展海外市场有着长远的战略布局，借着“一带一路”的势头，到 2018 年支付宝的全球活跃用户数已达到 8.7 亿，覆盖了全球四十多个国家和地区，成为全球最大的移动支付服务商。

当然，微信这几年也没闲着。2015 年 11 月，微信支付宣布将向境外商户全面开放，包括华南银行、澳洲皇家支付、香港通泰在内的数十家境内外机构已经加入微信跨境支付开放体系，业务覆盖港澳台、东南亚、欧美、西亚、澳洲的二十多个国家和地区。消费者在这些国家和地区消费时，可以通过微信直接支付人民币，微信会通过合作银行把相应币种结算给商户。

2017 年 12 月，腾讯副总裁、微信支付总经理张颖在参加《财富》论坛“全球金融科技展望”圆桌论坛时表示，目前，微信支付用户已经超过八亿人。张颖还表示，在微信支付里，有一个转账功能，甚至超越红包成为整个社交支付的最基础的体验，它的交易规模是微信红包的10倍。

微信红包是源于朋友间的娱乐开展的，红包的最高限额是200元，也就是说，超过200元的红包是发不出去的。转账功能的出现则解决了这个问题，而且日最高能转账5万元。所以玩微信的人都把转账作为正式交易来使用，而红包则明显带着娱乐的意味。当然，支付金额如果在200元以内，很多人还是愿意用发红包的方式支付。

随着微信月活跃用户的稳步增长，微信支付与支付宝的差距正在逐渐缩小。根据易观数据显示，2016年第一季度，支付宝占市场份额的63.41%，微信则占23.03%。然而，到2018年第三季度，支付宝的市场份额为53.76%，微信则达到38.95%。微信支付之所以能够动摇支付宝的地位，形成现在的局面，主要有以下几方面的原因。

首先，人们在使用微信支付的时候，不用完全退出微信，就可以与微信中的好友或者商家完成转账付款功能。2015年数据显示，超过50%的用户每日打开微信超过10次，当时的月活跃用户还不到6亿，而2018年已超过10亿。

其次，微信融合了社交、通信、新闻、支付、游戏等多种功能，相比之下，支付宝是以支付为核心的功能。因此，人们会因为过于依赖微信本身，而慢慢习惯了直接使用微信支付。

最后，我们可以发现，虽然两者竞争非常激烈，但在某种程度上，也有互补的关系。所谓“大钱支付宝，小钱微信”，我们从细节上就可以发现一些端倪。比如，支付宝上有“余额”“账户”“总资产”，而微信上有“零钱”“钱包”；支付宝显得更专业、安全、可靠，和银行给人的印象差不多，而微信支付，则更像一个手机端的私人钱包，主要是为了方便和鼓励用户消费的。

由于两者的定位不同，服务群体覆盖面也有所偏差。在非一线城市有大量的小商贩，他们更倾向于使用微信支付，原因是，他们当中的很多人手机未必都绑定了银行卡，但大部分人都有微信。这样的话，微信就是他们手机上唯一一个有收款功能的软件，而微信支付解决了这些人线下小额交易的需求。但是在线上交易和大额的收付款方面，目前支付宝还是占据主要地位。

当然，微信支付能够迎头赶上，发展得这么迅速，离不开天时地利人和。以前，中国人的消费观念相对比较保守，都喜欢用现金交易，即使在支付宝出现之后，还是会有很多人不习惯使用。当然还有另一个原因，就是民众的安全意识比较强，总觉得网络是不可靠的，网上支付更是危险重重。

不过，随着人们意识观念的转变，随着网络支付的普及，以及信任机制的建立，网络支付和移动支付已经进入万千商场。如今，越来越多的商铺，都挂着二维码，只要你银行卡有钱，并且绑定支付宝或者微信，你无须带现金，随时随地地用手机进行消费。

但是，在很多发达国家，一方面人们习惯了使用信用卡消费，路径依赖很强，要让手机取代信用卡会面临各方面的巨大阻碍；另一方面，他们更看重个人隐私，敌视无现金社会，在区块链技术成熟之前，他们的支付方式都很难有巨大的改变。因此，在移动支付领域，中国领先于世界。

而对于马化腾来说，这是他愿意看到的发展，毕竟各行各业的数字化是大势所趋，支付也不例外，其他国家终究会跟随中国的脚步。虽然，与支付宝的竞争仍然存在，但生意永远是在竞争中出现、成长并发展的。马化腾乐意看到的是，他们所做出来的每一件产品，能够让用户喜欢并去使用，那么，它的价值也就存在了。

医疗健康，就诊平台便民意

文化、娱乐和健康都与人们的日常生活息息相关，而健康更是近几年来人们普遍关注的一个话题。健康关乎民生，马化腾自然也懂得这个道理，所以，在他的腾讯版图里，医疗体系也占据了相当重要的位置。

医疗一直都是党和国家领导人非常看重的事情。我们都知道医院的现实情况：挂号得排队，服务不周到。面对这一情况，2014 年 6 月，腾讯在全国首次开通了微信全流程就诊平台，该平台以“公众号 + 微信支付”为基础，用户可通过该平台使用微信完成预约挂号、挂号等就诊流程。该平台还包括微信导航，诊疗室和化验室之间的有效指引；

微信支付诊间费用，电子报告微信实时送达，离开医院后的医嘱提醒等。

患者登录微信就诊平台后，只需要扫描微信二维码或搜索想去看病的医院后添加关注，填写简单的个人信息，捆绑就诊卡，就可以用手机完成预约挂号、挂号、缴费、候诊队列查询和检查报告查询等一系列就诊流程。

微信全流程就诊平台上线后，各大医院踊跃支持，近 100 家医院上线微信全流程就诊平台，能够在微信上挂号的医院达到了 1200 多家。

微信就诊平台的服务，极大地促进了医院与患者之间的亲密关系，患者得到服务，医院也得到了理解，而腾讯也得到了医院和患者的一致好评。当然，腾讯也在其中得到了收益，因为患者通过微信支付，也带动了支付方式的流通。

随后，腾讯把微信平台扩展到了移动医疗领域，让医保报销首先在支付中打通。另外，微信就诊平台还在尝试进行医院内部流程管理，如“危急值”、提醒、轮值通知、排班会诊等医疗流程都可以通过微信完成。

2014 年 11 月 25 日，腾讯再下重资，与广州市卫生局联手推出广州健康通公众账号，实现全市 60 家医院预约挂号及支付，并启动“支付一分钱”的挂号活动。广州市民可以通过这一公众号在 60 家医院进行挂号。

2015 年 1 月 20 日，腾讯推出自己新研发的医疗产品——“糖大夫”血糖仪。这是一款智能硬件产品，主要用来做糖尿病管理。“糖大夫”血糖仪配备了彩色显示屏，与智能手机的操作方式类似。在开机时，实现了与微信的联动，“糖大夫”会提醒用户扫描二维码并绑定微信账号，此后会有微信公众账号推送测试结果和定期测试提醒给用户。

除了自主研发的医疗平台之外，腾讯还参与投资了多家公司，希望给予患者更多的便捷享受。腾讯与宝莱特公司达成协议，双方建立长期战略合作伙伴关系。宝莱特负责智能穿戴健康医疗产品的研发、生产和云平台的运营，而腾讯则负责在物联平台为宝莱特的智能穿戴健康医疗产品提供技术支持。

2014 年 6 月，腾讯投资的挂号网推出“微医”App，功能有预约挂号、电子病历、医院内部交流等。同年 9 月 2 日，腾讯投资 7000 万美元（约合 4.3 亿元人民币），参股医疗健康互联网公司丁香园，双方合作内容也包括了丁香园相关 App 与微信系统对接等。

通过自主研发和战略投资，马化腾的腾讯已经深入到医疗机构领域。对于用户来说，这是一种让人欣喜的现象，因为科技在发展的过程中，只有在生活中运用得更加方便，才是最适合用户的工具。

不搞专制，鼓励兄弟齐爬山

每一个创业者都有自己的性格特点，而每一种性格都有其可取之处。我们所看到的那些成功的企业家，他们身上都有鲜明的个性，有的强硬，有的温和。而马化腾无疑就是后者，他的管理风格，也是温和的。

每一位管理者只要找到适合自己企业的管理方式，那么，企业就会慢慢做大、做好。马化腾曾说，他很喜欢一个比喻叫“兄弟爬山”。马化腾希望在腾讯里建立良性的竞争机制，“看看谁能先爬到山顶”。腾讯公司原则上鼓励大家都可以来“尝试”，在试错阶段，用户和市场就是标准。

马化腾说："腾讯公司内部采取自下而上与自上而下两种管理模式来管理公司，对成熟的业务，采取比较稳健的管理方式，但对于新兴的模糊地带则需要鼓励自下而上的试错。一旦新兴业务成熟时，就不能完全失控，公司会通过成熟业务来帮助未成熟业务。比如一旦微信成形，腾讯会以全公司力量支持微信，包括核心的 QQ 关系链，也包括各种营销资源，以及与公司其他产品和业务的联动。"

马化腾不是一个单纯强调"我"的价值的人，他希望所有的腾讯人都能有一颗自由开放的心。在马化腾的意识里，他希望不仅是他和腾讯的其他几位创始人能团结到一起，同时，在腾讯的内部，各个业务模块之间也需要团结起来，互相支持、协作。

深圳是个新兴的城市，这里聚集着从天南海北而来的追梦人，从某种程度上来说，深圳也是一个极具包容性的城市。腾讯便是在这样一个城市诞生的，因此，腾讯内部比较鼓励以"包容、开放"的心态来做事，不希望内部员工为了一点儿个人得失而明争暗斗。

其实，在微信诞生之前，腾讯有三个研发团队都在研发这个产品。它们分别是：张小龙带领的做 E-mail 出身的广州团队、手机 QQ 团队、成都团队。当时，马化腾的观点是，谁先做出来产品，用户认可谁的产品，谁就继续研发。张小龙的团队从 2010 年 10 月开始研发，到 2011 年的 1 月推出微信，用了三个多月的时间。

微信一经推出，立刻在互联网界和网民中引起了轰动，并成为继 QQ 之后的又一款实用价值极高的社交软件。广州团队胜出，手机 QQ 团队惜败，成都团队也惜败。不过，成都团队在 2016 年终于扳回了一局，一款《王者荣耀》让成都团队名声大噪，风头不次于当年的微信团队。

这就是马化腾所倡导的“兄弟爬山”。可以说，良性竞争是腾讯继续往前走的一个重要因素。这种良性的内部竞争，不同于跟外面企业的竞争，这样的竞争不会出现你死我活的结果，也不会使腾讯有重大的创伤，只会在企业内部形成一种“力争上游”的势头，这也是腾讯各团队的战斗力一直强劲的重要原因。

腾讯的价值观是“正直、尽责、合作、创新”，对于为什么将“正直”放在第一位，腾讯创始人之一的陈一丹曾说：“我们希望腾讯的员工做人应该坚持以德为先，正直是根本。腾讯是中国本土企业，我们希望公司的员工具备中国人的传统美德，这样的员工即使能力稍差，却值得腾讯培养。反之，则是一种时间和资源的浪费。”

在“正直”中开展良性竞争，这也是马化腾所允许的。马化腾曾经说：“腾讯微创新最核心的武器是三个关键词：用户体验、快速迭代、灰度机制。”从创业的最初，马化腾就一直把用户体验放在第一位。

在创业初期，QQ 运行的过程中，只要用户有不满意的意见反馈回来，马化腾和其他几位合伙人就会自动地去修改程序，在这一点上，几位创始人都是很有默契的，这也是合作创业中难能可贵的。

那么，到底什么是灰度机制呢？灰度机制是马化腾和腾讯的几位合伙人所提出的一个灵活机制。很多公司在一开始为产品下定义的时候，会给定下一个“非黑即白”的基调，“白就是白，黑就是黑”。但是马化腾发现，互联网产品的最终定义只能由用户投票来决定。所以从一开始，马化腾就没有给腾讯下一个“死”定义，而是有一个灰度的周期。在这个灰度周期里，让用户去决定腾讯的产品是生是死，是白还是黑。

也正是因为有了这样一个观念，马化腾总是把产品交给用户，以用户体验来判定产品的好与坏。马化腾喜欢“兄弟爬山”这个比喻，除了因为这个比喻体现了一种良性竞争机制外，还因为这个比喻强调合作，具有建设快乐活力型企业文化的内涵。马化腾尊重每一个人的创造能力，也尊重每一个人的个性发展，所以，他容忍了张小龙的古怪脾气，也尊重合伙人的每一个决定。

2007 年，此前一直担任着公司首席运营官的曾李青因为私人原因离开了腾讯。曾李青胸怀大志，期待自己能有更广阔的发展空间，他离开腾讯后，担任了德讯投资董事长，先后投资了十多家高端服务公司。但是曾李青并没有远离腾讯，他依然担任着腾讯公司的终身荣誉顾问。

2013 年 3 月，腾讯的另一位创始人陈一丹宣布离开腾讯，成为腾讯五虎将中第二位离开的成员。

2014 年 3 月 19 日，腾讯联合创始人之一的张志东正式宣布离职并宣布不再担任执行董事，并将于六个月后卸任首席技术官，转而以公司终身荣誉顾问、腾讯学院荣誉院长和专职讲师的身份出现。

天下没有不散的筵席。当腾讯发展到如此规模的时候，曾经为腾讯付出了很多心血的三个人纷纷离去，想必，马化腾有诸多的不舍，毕竟他们都是自己同甘共苦的兄弟呀！可是，当他们要离开的时候，马化腾尊重他们的决定。马化腾也清楚，即便他们三个人离开了，如果自己有需要，如果腾讯有需要，他们三个人都会义无反顾地给予帮助。

因此，在张志东和曾李青离开之时，马化腾为他们保留了终身荣誉顾问的职位，因为马化腾清楚，不管他们兄弟五个在哪里，在精神上，他们永远是在一起的。

腾讯公益，力所能及做善事

2007 年 6 月，在马化腾及腾讯公司的倡导下，腾讯公益慈善基金会正式成立。作为首家由互联网企业发起成立的公益基金会，腾讯基金会致力于推动互联网与公益慈善事业的深度融合与发展，通过互联网尤其是移动互联网的技术和服务推动公益行业的发展。

马化腾为腾讯基金定下的宗旨是“致力于公益慈善事业，关爱青少年成长，倡导企业公民责任，推动社会和谐进步”，并把“一个平台，两个互动，三个方向，基于互联网释放爱心的力量”作为核心战略。

其中“一个平台”指的是以腾讯公益网为基础的网络公益平台。“两个互动”指的是通过这个互联网平台让众多慈善组织与热心公益的网民互动起来。“三个方向”指的是帮助需要帮助的人；提供简单、便捷的通道让网友参与公益；向更多人传递公益理念和爱心。

腾讯开始盈利后，马化腾和其他四位合伙人就开始思考怎么利用腾讯这个平台以及腾讯平台上的用户的影响力为社会做一些有益的事情。马化腾一向都是低调的，就连结婚这样的大事，他都没有想让外人知道，但是，对于腾讯公益慈善基金这个项目，马化腾却一改往日低调的作风，亲自邀请壹基金发起人李连杰访问腾讯。

2006 年到 2007 年，马化腾和四位合伙人一直在谋划腾讯公益慈善基金的成立。在该基金成立之后，马化腾承诺，腾讯每年拿出 1% ~ 2%的利润，投入公益事业。2015 年，腾讯的净利润为 324.1 亿元，按 1% ~ 2%的比例，腾讯会拿出 3 亿 ~ 6 亿的收入投入腾讯基金中来。

没有创立腾讯的时候，马化腾没有能力；刚建立腾讯的时候，他更是有心无力；当腾讯有了盈利的时候，他觉得自己终于可以回报社会了，即使要投入的公益资金一年比一年多，但是马化腾还是很高兴，因为，这是他一直想做的事。

在做公益这件事情上，有人说马化腾是受了李嘉诚先生的影响。马化腾的初心也是想做一家受人尊敬的公司，因此，说他仿效李嘉诚也在情理之中。

虽然没有投资学校和医院，但马化腾用了另一种形式来回报社会，就是建立腾讯公益慈善基金。他希望，利用腾讯的品牌，为更多需要帮助的人提供帮助。

于是，腾讯基金有了“人人公益——网络捐款平台”“行为公益——益行家”，有了“全民公益——99 公益日”“机构赋能——微爱计划”“创新公益——1001 创想行动”“产品公益”等。马化腾希望，通过这些平台和方式，以自己为榜样，带动全民一起做公益。

2008 年 5 月 12 日四川省汶川发生了 8.0 级大地震，马化腾通过即时通信工具在第一时间里知道了灾情。回忆中，马化腾说：“作为实时沟通的即时通信平台，我们从在线监控系统中直接看到了 5·12 汶川大地震发生的瞬间。在灾难发生的时刻，统计数据显示，四川地区的在线用户数从几千万瞬间掉了下来。腾讯负责监控的员工知道，这次掉线不像是技术故障或者晚上下线，所有消失的用户可能再也回不来了。那一瞬间，对公司员工的触动非常大，根本不需要动员，他们都自发地加班加点，主动去想自己能为社会做些什么。”

作为腾讯主要创始人的马化腾，当即下令把网页所有的商业广告停掉，把所有的游戏公测推迟，然后推出 QQ 祈福版，建立一个寻人、筹款和祝福的平台，把所有的资源都集中起来，和亿万用户一起，携手进行“Web2.0 式”救灾活动。

腾讯全员行动，各种在线公益全线展开。仅仅二十多天的时间，中国网民通过腾讯在线捐助平台捐助了两千三百多万元，这是有史以来中国互联网在线捐助最高的纪录。加上腾讯以及内部直接捐助的 2000 万元，腾讯为灾区筹集善款四千多万元。看着由腾讯发起的，由腾讯和网民们合力捐助四千多万元善款，马化腾的内心无比激动，他告诉自己：“这一步，做对了！”

汶川大地震灾难发生后，马化腾又投资 5.5 亿元在成都建设腾讯成都研发中心、信息处理中心和客服中心，腾讯也成为汶川大地震后第一家到四川投资的互联网公司。马化腾和腾讯以速度和诚意，为慈善公益事业做出了表率。腾讯慈善基金成立之后，马化腾和腾讯六年一共捐资了 172.35 亿元！ 172.35 亿元——不是一个小数目！

2016 年 4 月 18 日，马化腾又宣布，将捐出 1 亿股腾讯股票，注入正在筹建中的公益慈善基金，用于在中国内地为主的医疗、教育、环保等公益慈善项目，以及全球前沿科技和基础学科的探索，腾讯控股在 2016 年 4 月的股价为 165.7 港元，1 亿股就是 165.7 亿港元，约合 138.4 亿元人民币。

2017 年 12 月初，马云携三十六位合伙人在杭州蚂蚁金服园区集体对外界宣布一件大事——扶贫！在宣布大会上，马云罕见地提到了马化腾，并且是正面地表达了对马化腾的敬意，而马云的 100 亿元扶贫投入，事实上也是公益的另一种形式。

在会上，马云说，他和马化腾一起创建了中国桃花源大自然保护基金会，并同时担任联合主席，希望通过共同的努力，保护中国 1% 的土地。马云对马化腾的正面肯定也足以证明，马化腾对于公益事业的投入和专注，确实让人侧目和尊敬。同时，马化腾也为腾讯树立了勇于担当的良好公民形象。

中国首富，钱只是一个数字

2017年8月7日，腾讯控股（00700）股价继续上涨，到午间收盘时，涨幅2.70%，报319.8港元，市值达30375港元，约3883亿美元，超越阿里。

腾讯控股股价的这一轮狂飙，使得马化腾连续超越马云、王健林，变成中国首富。根据2018福布斯中国富豪榜3月数据显示，马化腾以491亿美元，位于世界第14，中国和亚洲第一。

曾经荣登中国首富宝座的阿里巴巴主席马云说，有钱让他很痛苦，因为压力太大。马云说："有钱的确很棒，但当中国首富可不是。这很痛苦，因为当你是首富时，人人都会为了钱围着你转。"马云还透露说，如今走在大街上，人们看他的眼神也变了，而且“花钱比挣钱难多了”。但是，马云的烦恼，在绝大多数人看来，都是微不足道的。毕竟在中国，还有太多太多的人，依然面临着巨大的经济压力。

而对于马化腾来说，荣登首富宝座，似乎对他并没有什么影响。他仍然保持着一贯的作风：低调，沉默，不喜不悲。他说，钱只是一个数字，只是家里的房子大一点，其他的没有什么变化。其实，从腾讯的发展史中，我们也可以看出，马化腾对于金钱的处置，始终都是理性务实的。

在创业之初，资金出现问题时，他开始四处找人想卖掉 OICQ。后来融到资金了，他也并没有乱投资，而是以用户体验为核心目标去购买服务器、整修网络基础设施。在与各种竞争对手的多次博弈中，面对再艰难的情况，都不会去触碰灰色收入。等到腾讯挣钱之后，他也愿意把钱花在提高员工工资、做慈善基金、支援灾区重建等方面。

一个公司挣了钱之后，该怎么花，是企业管理者的必修课。有的企业发展到了一定程度后，就会停滞不前，抑或开始走下坡路，很多都是因为企业领导人对钱的认知意识不够，仍然把挣钱当作企业的首要目的。当腾讯越来越成功的时候，马化腾对于钱的概念也越发清晰。他知道，钱来自社会，也最终应该回归到社会中去。

《对话》栏目导演迟忠波曾说：“钱是什么？钱是工具，一种能帮助你实现梦想的工具。”钱是工具，而不是目的。当你把钱当目的的时候，便失去了挣钱的快乐。小仲马也曾说过：“不要太把钱当回事，也不要不把钱当回事，它值多少就多少。金钱是一个好仆人，却是一个坏主子。”

而对于马化腾来说，金钱也只是一个数字、一个工具。是不是第一无所谓，能做到受人尊敬才是最重要的。

不做第一，做受尊敬的公司

马化腾是工程师出身，所以，他的企业文化不可避免地带有工程师文化的特点：实干、低调、重创新、重技术。但马化腾一直有这么一个愿望，那就是希望腾讯能够成为一家受人尊敬的公司。

1982 年，美国管理顾问特雷斯・迪尔和阿伦・肯尼迪合著的《企业文化——现代企业的精神支柱》中最早提到了“企业文化”一词。从那以后，企业文化逐渐被企业家们所重视。当企业发展到一定规模的时候，企业文化必定会成为公司的重要议题。现在企业界有这样一种说法：小企业做事，大企业做人，一流企业做文化。

为什么这么说呢？因为企业越大，事情越多，企业内部就越复杂。

企业都是由人组成的，任务都是由人执行的，思想不统一就会有很多的不确定性。只有大家同心协力，才能拧成一股绳，减少内耗，提高效率。而统一的企业文化，才有助于大企业变成一流企业。

随着腾讯的快速发展且日益壮大，腾讯的企业文化也日渐成形。在工作中，马化腾特别喜欢给员工发邮件，而大部分邮件都和产品细节相关，于是，他对用户体验的执念就这样潜移默化地影响着公司员工。或许那时候马化腾还没有意识到，自己其实无意中已经动态地完成了给员工的思想培训。

后来，马化腾将腾讯的企业文化概括为以下几个方面：愿景、价值观、使命、企业精神、经营理念等。

对于公司的愿景，马化腾是这样解释的：腾讯发展公司事业，是以诚信负责的操守、长远的眼光和共同成长的理念来进行的，并努力追求得到用户、社会、员工和股东的尊重。

对于用户，腾讯始终坚持"用户第一"的理念，为用户创造价值，为社会创造价值，促进社会的繁荣；对于社会，腾讯希望用爱回馈社会，身体力行，推动互联网的健康发展；对于员工，腾讯坚持把员工的利益放在首位，时刻维护员工的权利；对于股东，腾讯也希望通过成熟有效的营销、管理机制，实现企业效益的不断攀升，给予股东最丰厚的回报。

这些企业文化也间接地表达了马化腾想把腾讯做成一家受人尊敬的公司的愿景。但是正如网上流行的一句话："面子，从来不是别人给的，而是自己挣的。"受人尊敬，不是到处做宣传就能实现的。因此，马化腾不喜欢面对媒体的采访，每当有媒体要采访他的时候，他总是把腾讯的合伙人推出去。很多时候，他宁愿待在电脑前，全身心地研究产品。

这些年，马化腾已然把腾讯做成了具有“靠谱、沉稳、扎实的性格”的公司。更多的时候，马化腾希望通过腾讯的产品来传递腾讯的企业文化，他希望社会更多地关注腾讯，而不是他本人。

当很多人把曾李青误认为是“马化腾”，而把“马化腾”误认为是随行秘书的时候，他并不生气，也从不解释；当张小龙以种种理由不去深圳开会的时候，他以柔克刚，让自己的秘书开车亲自去广州接张小龙。2015 年马化腾在香港大学的演讲中提到，当时腾讯选择在香港而不是在美国上市，使融资少了很多，且最后上市也比预期估值少很多，但是他说压根就不介意这些东西。

不计较面子，不计较个人得失，不计较无关紧要的细节，只关心最重要的目标，这种“不择手段”的务实心态，让他赢得了人心，赢得了员工和合作伙伴的尊重。他的个人魅力也使得腾讯在互联网界越来越具有“魅力”。

2006 年，马化腾把腾讯总裁的位置让给了刘炽平，完成了新一代掌门人的交替。马化腾并没有长期当霸主的野心，他看到了刘炽平的能力，欣赏他的才华。为了腾讯的长远发展，马化腾甘愿让贤。同时，马化腾让刘炽平执掌腾讯，在一定程度上，也充分表明了他对刘炽平的信任。

2009 年 3 月，美国权威杂志《巴伦周刊》评选的 2008 年年度“全球最受尊敬的30名CEO”榜单中，马化腾成为亚洲唯一入选的互联网领袖，也是中国内地唯一的上榜者。这足以表明马化腾在世界的影响力，同时，也表明了腾讯在世界的影响力。

马化腾说：“腾讯并不想成为世界第一或者中国第一的公司，我们只想成为最受人尊敬的互联网公司。”那么具体有哪些表现呢？马化腾曾这样说过。

第一，腾讯的产品和服务应该要为大众喜欢和接受，用户愿意使用腾讯的产品，放心把自己的个人信息、朋友关系、新闻浏览、商务活动都放在腾讯的产品里面。

第二，腾讯的盈利水平和收入规模应该能够支持我们为客户提供更好的服务，同时，还要能维持公司的持续发展和创新，不断研发出新的、好的产品。

第三，腾讯需要一大批志同道合、有奋斗精神的员工，大家团结协作，共同奋进，这是腾讯成为受人尊重的企业的必要条件之一。

第四，腾讯作为社会公民的一员，要对社会及时做出回报，把企业经营过程中的收入、利润，采用多种渠道回馈给社会。当然，这种回馈绝不仅是钱，还要让使用我们产品的用户，能够利用我们搭建的平台，便捷地和社会上需要帮助的人建立联系。目前，腾讯已经建立了腾讯公益网。

马化腾在腾讯登上巅峰之后，持续地加强腾讯公益事业的发展。腾讯盈利越多，马化腾越愿意投入更多的资金做公益事业，他是没有被成功惯坏的一个人。由此，我们相信，腾讯一定会不断壮大，马化腾的“将腾讯做成受人尊敬的互联网公司”的愿望也将会一天一天地不断实现。

重视人才　智谋高远

第　八　章

发挥所长，成功的用人之道

小时候，马化腾就是个内向文静、礼貌谦让的孩子，很有君子的风范。成年以后，马化腾创办腾讯，腾讯内部的人事安排，很大程度上与他的性格有关系。

前面我们已经提过，一开始马化腾就把自己所占股份降到一半以下，但同时又确保自己是公司的主心骨，能够在关键时刻有决策权。从这样的布局里，我们可以看到马化腾的精明以及他的远见，在公司还没有成形的时候，他就已经考虑到后期发展中会出现的问题了。事实证明，马化腾的谋划是正确的，正因为有了这种布局，腾讯的五位创始人才能一直团结在一起，一心一意地为了腾讯的发展付出全部心血。

在腾讯内部开会的时候，几位合伙人也会激动，甚至会吵架，当然都是为了公司的发展。每当大家有争论的时候，马化腾总是不再发表意见，但到最后，总是他站出来平息战火。很多时候，他在会议最后的总结语总能一语中的，其他人也都信服他。

马化腾很善于用人。当初，他清楚地知道四位同学都是技术型人才，只对技术上的工作在行，管理公司却是弱项，于是他找来了曾李青。曾李青是个公关型的人才，对于市场很有掌控力。曾李青的到来，弥补了马化腾等 IT 男的缺陷。马化腾信任曾李青，如同信任其他的几位同学一样。马化腾从不在市场这一块儿做判断，而是由曾李青去开疆拓土，自己则做他坚强的后盾。

我们都知道，在马云的团队里，蔡崇信是一个神秘的人物。正是蔡崇信，帮助马云构建了阿里巴巴的公司架构，使得阿里巴巴能够顺利地发展下去。曾李青虽然不像蔡崇信那样神秘，但他对于马化腾和腾讯的重要性，就如同蔡崇信对于马云和阿里巴巴。

除了曾李青，马化腾的另三位同学都在各自部门里发挥着自己的特长：张志东出任公司首席技术官，负责本集团专有技术的研发工作，并组建业内领先的技术团队；陈一丹出任公司首席行政官，全面负责集团行政、法律、人力资源和公益慈善基金事宜；许晨晔出任首席信息官，全面负责本公司网站财产和小区、客户关系及公共关系的策略规划和发展工作。

马化腾是腾讯的灵魂，他手握腾讯的决定权。当腾讯王国进入巅峰时，他原本可以高枕无忧地享受自己的劳动成果，然而他身上天生的潮汕人的性格让他知道，自己必须时刻保持清醒的头脑。他知道，企业爬升到怎样的高度，就需要怎样的人才来管理。

于是，2006 年 2 月，有着麦肯锡和高盛背景的“空降兵”刘炽平从马化腾手中接过总裁的位置。刘炽平，北京出生的香港人，25 岁时就拥有美国密歇根大学电子工程学士学位、斯坦福大学和西北大学的两个硕士学位。

其实，刘炽平早在 2003 年帮腾讯上市的时候就跟马化腾相熟了，所以他对腾讯的内部情况也十分了解。2004 年，由于在高盛集团操作腾讯上市项目中刘炽平表现出了非凡的才华，让马化腾极为欣赏。2005 年，刘炽平被马化腾游说进入腾讯，担任腾讯的首席战略投资官。

经过一年的观察，马化腾觉得刘炽平洞悉的东西很细致，问问题的技巧也很到位，而且刘炽平也得到了很多人的认可。于是，马化腾便放手，让刘炽平接任总裁一职。马化腾曾说：“总裁就是作为 CEO 的继承人，我们是这样培养的。”这句话足以表明马化腾的用人之道，可谓步步筹谋。

后来，在“3Q 大战”过后的战略转型期，刘炽平也起到了相当关键的作用。

自己去扛，领导该有的品质

作为企业的领导者，马化腾肩上所承担的责任，是任何一个员工都不能理解和替代的。在权力分配的时候，马化腾不是一个独裁者，但是，在履行责任的时候，马化腾却清楚地知道自己是腾讯的发起者，是这个团队的主心骨。只有自己勇敢地扛起前进的大旗，其他人才会凝聚在自己周围，齐心协力去拼搏。

前文我们已经提到了 2000 年发生的“千年虫”事件，其实，这个事件主要是因为其中一位负责人的离岗导致的。但是事件发生后，马化腾不仅没有责备这位负责人，反过来还安慰两位当事人，不要因为这件事而耿耿于怀。马化腾觉得发生这样的事情是正常的，千万不能因为一点儿小的事故而伤了彼此的感情。

马化腾的大度与胸怀让腾讯的很多员工都大加赞赏。作为腾讯的掌舵人，他知道自己的一举一动都受到大众的关注，也决定着腾讯的生死存亡。在OICQ的那场官司中，马化腾最早收到美国律师事务所发过来的邮件时，他除了要和伙伴们商量对策以外，还承受着腾讯是否能继续存活下去的巨大精神压力。

在那些决定是否卖掉QQ的日子里，马化腾是最受煎熬的一个人，他舍不得卖掉自己亲手做出的产品，也舍不得他好不容易创建的腾讯。马化腾说，那个时候的他整夜睡不着觉，不知道要怎么办才好。他知道其他几个人也都在忧虑，所以自己又不敢过多地把情绪表现出来。因为，他深知自己是腾讯以及所有人的精神支柱。在逆境中，他只能不停地奔走，希望能有一丝机会可以救活QQ，救活腾讯。

就像托尔斯泰所说的："幸福的家庭都是相似的，不幸的家庭各有各的不幸。"就像成功的企业家身上总有着类似的优秀品格，而失败的企业家则各有各的失败原因。

任正非、马云、马化腾，他们的身上都有着做领导者的担当，他们清楚地知道自己肩上的责任：唯有自己扛得起，才能带领其他人往前闯。

有人说，敢于承担责任的人，才有资格成为一个领导者，这话不假。如果一个人连承担责任的能力和勇气都没有，他又拿什么来征服民众呢?

其实，没有绝对的聪明者，也没有绝对的傻子，一切都是相对的。

付出多的人，未必是个傻子；而不愿付出的人，也未必就是一个聪明的人。一个能承担责任的领导者很多时候都是大智若愚的，因为坚信自己的付出能够创造价值，所以才能坦然地面对短期内没有回报的风险。

尊重人才，高管年薪比他高

前文我们已经提到过，腾讯 2015 年年报显示，张小龙的年薪大约是 2.74 亿港元，而马化腾的年薪仅仅为 3282.8 万港元，约为张小龙的九分之一。其实不只是“微信之父”张小龙，五位上榜高管中最低的也达到了 1.83 亿港元。

据有关媒体报道，2015 年，腾讯十二位高级管理人员的年薪范围是：2.55 亿港元～3.15 亿港元的一位；1.95 亿港元～2.55 亿港元的一位；4500 万港元～6000 万港元的三位；3000 万港元～4500 万港元的四位；1500 万港元～3000 万港元的一位；800 万港元～1500 万港元的两位。其中最高薪酬者年薪最低 2.55 亿港元，按一年 365 天计算，日薪超过

70 万港元。

高管的收入超过董事长，下级的收入超过上级，这在一般的企业里是很难见到的。在中国人传统的观念里，作为“老大”的马化腾，待遇理应是最高的，其他的人也应该按照职位的高低依次递减。但是，这个规律被马化腾打破了，他希望以论功行赏的方式表达对人才的爱惜。

张小龙为什么能得到两亿多的年薪呢？ 2017 年，有人为腾讯做了一个估价，腾讯市值约为 2 万亿港元，是国内市值最高的公司。而在这 2 万亿港元的市值中微信的估值高达 8000 亿人民币。虽然我们无法确定这个数值的真实性，但是至少能说明微信在腾讯公司的重要地位。所以，张小龙能拿到这么多的工资，公司内部其他员工自然也心服口服。

李嘉诚曾经说过，员工离开有两个原因：一是对工资不满意；二是得不到尊重。李嘉诚对员工的深切理解在马化腾这里再一次得到了体现，马化腾尊重人才，也尽自己所能满足员工的待遇要求。

然而，在现实社会中，也有很多的老板想用最少的钱，请到最好的员工，他们总是想占员工的便宜。其实，聪明的老板应该是让员工感觉占了公司的便宜。

新年开工，腾讯老总派红包

派红包是华人新年的一种习俗，华人喜爱红色，因为红色象征活力、愉快与好运。派发红包给未成年的晚辈（根据华人的观念，已婚者就算成年），表示把祝愿和好运送给他们。

腾讯自 1998 年成立以来，每年都会为员工“派利是”（发红包）。这一方面缘于广东地区的传统，另一方面也因为马化腾是潮汕人，潮汕人对“派利是”的习俗非常重视。对于每年都发红包这件事，没有人要他非得这样做，可是马化腾却坚持了近二十年。

新春开工，腾讯对员工发的“利是”分两种：一种是公司向全体员工发放的“利是”，人人有份。2017 年，腾讯通过微信和 QQ 分别向腾讯员工每人发放 400 元“利是”；另一种主要是针对深圳总部员工的“利是”，该“利是”由老板们自掏腰包。这个红包金额不定，拿多拿少得看个人努力。

由于在深圳的腾讯员工高达上万人，每年排队拿红包的队伍浩浩荡荡，好似春运现场。试想一下，一个上市公司的大老板，一个平时很难见得到的人物，却在这一天亲自给你派“利是”，并且还会亲切地说：“新春快乐，开门大吉！”你会有怎样的一种感觉呢?

每年的开工第一天，马化腾都会亲手发出上万个红包，而且还会为员工送上祝福的话。二十年来，马化腾年年如此。马化腾说：“他们辛苦了一年，我站在这里只是辛苦半天，却能带给他们一个美好的心情，这样做也是值得的。”我们不得不说，IT 男马化腾的情商还是很高的。

而对于腾讯的员工们来说，开门第一天能领到红包就是一件高兴的事。也有一些员工说，其实对于拿不拿红包和拿多少钱的红包也不太看重，最主要是想看看腾讯的这几位“大人物”。

在腾讯 18 岁成人礼上，马化腾又准备了总额约 3000 万元的现金红包，单个红包金额在 188 ~ 1888 元不等，而被发红包的，甚至包括了离职员工。如果说给在职员工发红包是“收买人心”，那么给离职员工发红包就是一种情怀和大格局了。我们可以说，马化腾给的不是金钱，而是一种尊重。

散养闲人，远见者的大智慧

都说商场如战场，商业上的战争没有一点儿硝烟，但其惨烈程度丝毫不比真正的战场逊色。一个成功的企业，必然有无数个竞争对手，这些对手，也是无形的敌人。

许多老板具有这样一个致命的缺点，总是认为企业不养闲人，认为自己付出多少工资，就要求员工付出多少的工作量。然而，一个成功的企业家，他除了要具有掌控大局的能力外，还必须具备远见卓识，能够洞悉未来、未雨绸缪、养将屯兵，为“未来的战役”做充足的准备。

孟尝君田文是战国四公子之一，战国时期齐国的贵族，因好养门客而出名。门客多时达到数千人，而这些门客，就是现在公司里所说的“闲人”。那时候的闲人可是真正的闲人，每天只管吃喝玩乐，也不用干活。

一日，有个叫冯谖的人穿着草鞋来见田文，说他家穷，想到田文家里混口饭吃。田文没有说什么就把他收下了。数千人的吃住，我们可以想象一下，需要多少粮食和住房！但是田文毫无怨言，没有把养着这些“闲人”当作是自己的负担。

后来，田文在齐国担任相国数十年，没有遇到任何的灾祸，这都是因为他的背后一直有冯谖等人的出谋献计。从这个故事中，我们可以看出，田文是一个具有远见卓识的人，他养的“闲人”在特殊时刻能为他遮风挡雨，甚至救他于危难之中。

马化腾与田文一样，在用人上也是有着一定智慧的。马化腾有一个专家顾问团，顾问团成员每月都拿着很高的工资。顾问团中的人，马化腾其实很少去见，有时候一年才见上一两次。顾问团中的这些人在我们看来应该是“闲人”吧，然而，他们对于腾讯的战略发展来说却是至关重要的。

2010 年，刚经历了“3Q 大战”的腾讯进行战略调整，开始从封闭走向开放，最终腾讯股价从 6 元涨到 200 元，公司市值从 400 亿美元飙升到 2000 亿美元。腾讯能取得如此大的成绩，除了拥有刘炽平这个稳健的掌舵手之外，也与这些“闲人”的支招有着密切的关系。当腾讯遇到重大而棘手的问题时，马化腾会第一时间从顾问团那里找到解决问题的人或者方法。他们关键时候的一句话、一个点拨，抑或一个电话，足以使腾讯渡过难关。

有人说马化腾傻，花那么多钱养一群一年只见一两次的“闲人”。其实不然，马化腾是一个具有长远眼光的人，他的这种“未雨绸缪”的思维意识也是很少有人能具备的。

联想老大柳传志曾经说，能人分三种：一是自己能成事；二是能带一帮人成事；三是一眼看到底。马化腾属于第三种人，看一件事的时候，他的脑袋里出现的不是片段，而是具体实行的整个过程。马化腾知道，一个企业的发展需要各式各样的人才，他所散养的这些“闲人”，其实在关键时刻，都是万夫莫敌的大将，都是能为腾讯“点石成金”的能人。

一位前腾讯员工说：腾讯的核心能力，一定在马化腾身上。腾讯的任何做法，移植到其他公司都可能效果平庸，甚至是一场灾难，因为当家的未必具有马化腾的慧眼和品格。

马化腾的成功不可复制。十几年来，有多少人想模仿马化腾，但最终都倒在了模仿的路上。而马化腾对于企业的成功管理经验，却值得所有创业者去学习和感悟。

深思熟虑，稳扎稳打避风险

纵观国内外，著名的企业家几乎都是具有冒险精神的人，比如任正非、马云、乔布斯、马斯克。很多企业家都认为只有做了别人不敢想或者不敢做的事情，只有在创业和经营之中，敢于冒险，善于冒险，才能在险峰之处欣赏无限风光。

美国微软公司联合创始人比尔·盖茨就是一个天生的冒险家。他认为，没有冒险精神，成功也就没有机会。在创业的道路上，比尔·盖茨愿意去尝试每一个伴有风险的机会。

比尔·盖茨最喜欢速度快的汽车和游艇，这两种工具也将他的冒险精神体现得淋漓尽致。从中学时代起，比尔·盖茨就经常逃课，只在临近考试的时候才拼命学习。他人为地给自己制造压力，不留退路，以此来检验自己花最少的学习时间得到很高分数的可能。不过，后来他曾开玩笑地说，其实当时他只是自命不凡，养成了拖延症的坏习惯。

相比之下，马化腾在大众的印象里，则完全和冒险精神不搭边。马化腾的性格和他的外表一样，温和、低调、冷静。在腾讯人的眼里，他身上最大的特点是不喜欢冒险。马化腾自己也承认，他不喜欢冒险，很多事情不会因为脑子一热就去做，而是一边走一边试，等确定了方向，感觉事情可为的时候再去发力。

不过马化腾和比尔·盖茨有一点非常相似，那就是“专注”。很多人都知道，比尔·盖茨与巴菲特是关系特别好的忘年之交，可是他们第一次见面时，盖茨因为不了解巴菲特，而非常抵触。在盖茨母亲的坚持下，最终他还是和巴菲特见面了。没想到的是，初次见面，盖茨就和比自己年长 25 岁的巴菲特聊得非常投缘，还有种相见恨晚的感觉。晚饭期间，盖茨父亲让他们两人分别在一张纸上写下对他们的人生帮助最大的一个词。奇妙的是，两人不约而同地都写下了“Focus”，即“专注”。

专注意味着对感兴趣的东西，能够全身心地把精力投入其中，去学习，去钻研。而专注的人，往往在自己擅长的领域都非常自信，甚至会到执拗的程度。虽然马化腾从小对天文特别感兴趣，但是他务实的一面恰恰也体现出他的不爱冒险性，所以他才会选择实用的计算机专业。只是后来在学习编程的过程中，他慢慢地培养出了浓厚的兴趣，因此才能十年如一日地保持热情，想方设法完善自己开发出来的软件产品。

其实，对于马化腾来说，从润迅离职选择创业，与其说是冒险，不如说是因为“自信好强＋年轻气盛＋潮汕人固有的商业头脑”。我们从学生时期的马化腾经常和陈一丹比赛背圆周率，就可以看出理科出身的他，早年有着非常好强的一面。后来他经历了多次融资被拒，还有几次想卖掉 OICQ，拒绝他的人甚至说随便找几个大学生就能做出比 OICQ 更好的软件来，这无疑也会刺激到马化腾内心深处隐藏的那一份好强。

造成的结果是，当他相信自己能够更好地运用别人的原始创意，提升自己产品的用户体验时，他就会毫不留情地果断出击，取他人之精华为己所用。而确确实实，他也做到了，所以 QQ 的用户黏性极高，腾讯自然而然就四面树敌。后来马化腾说自己刚创业时对于别人不信任，想自己做更多的事，其实在我看来，他是对自己非常自信，好强的一面暂时压过了务实的一面。在腾讯开放之前，马化腾都自认为一直在“专注地做自己擅长的事情”。

随着年龄的增长，他组建了家庭，生儿育女。再加上“3Q 大战”之后公司战略的调整，马化腾变得更加成熟，在面对媒体时也学会了展现自己的幽默。此时，我们又看到了那个不爱冒险、稳扎稳打的马化腾。

马化腾曾说：“每一位投资人把钱投给腾讯，都是出于一份信任。面对这份信任，我绝对不会让投资者在腾讯亏钱，我绝不会打没有把握的仗！”

虽然冒险是商界企业家共同的秉性，但马化腾用他另类的性格同样打造出了属于他的一片天地。就如马化腾所说，他不愿意让投资人在腾讯亏钱，也因此马化腾和他的腾讯更容易受到投资人的青睐和尊重。

附　录　一

“能力圈”与“护城河”

2018 年，一篇《腾讯没有梦想》的文章在朋友圈刷屏，作者认为“腾讯正在丧失产品能力和创业精神，变成一家投资公司”，在面对头条和抖音的挑战时束手无措。

对于这样的批评，马化腾应该不会感到诧异。“3Q 大战”之后，在一次总办会上，大家总结出腾讯的核心能力是：流量与资本。流量，自不必说；资本，据说是有投行经历的刘炽平提出的。从那之后，腾讯就已经开始了转型，在不断开放的过程中，也不断地进行投资。自然而然地，会给大众一种腾讯开始专注于资本运作而忽视产品创新的印象。

但是，这是否就意味着腾讯如果没有战略转型，就能够开发出与头条和抖音抗衡的软件呢？答案是未知的。首先，用现在的情况来批判几年前的战略决策，有马后炮的嫌疑。其次，战略投资给腾讯带来的影响是多个维度的，那些看不见的收益远大于短视频战场上的损失。

2019 年 2 月，刘炽平在腾讯投资年会上发表演讲，阐述他的投资理念，特别回应了自媒体对腾讯“失去梦想、投行化”的质疑。刘炽平说：“要是我们想把所有东西都控制，想把所有的事情都做了的话，这不是梦想，这是妄想。反而当我们可以去选择什么可以做，什么不做的时候，才可以真正让我们的梦想，并且让在座所有创业者的梦想得到实现。”

关于投资所带来的回报，刘炽平说：“投资让我们能更专注地做好我们的平台和业务，而当我们的平台和业务做得越强的时候，又能为合作伙伴和被投公司提供更好的服务。这在游戏行业是一个很清楚的例子，我们做了自研，做了运营，做了投资，到最后你发现我们在每一块上面都做得比较出彩，很多被投公司也获得非一般的成绩；在影视领域，通过阅文的投资，我们跟很多优秀的内容制作公司合作，腾讯视频从行业老八去年终于成为行业领先者，在这个过程之中也成就了我们很多的合作伙伴；在支付领域，通过跟很多伙伴的合作，让微信支付从线上走向线下，变成一个全民应用。”

那么，将投资作为核心战略之一，完全是刘炽平一个人的想法吗？马化腾本身是一个危机感很强的人，前面我们讲过，当初他想进军网游的其中一个重要原因，是无线增值业务在腾讯的业务收入中占比过高，自己的命脉受制于中国移动。

后来，游戏业务逐渐成为腾讯收入的顶梁柱，但是这种收入结构同样是不健康的，因为目前的游戏行业在各个方面都还不成熟，将游戏作为主要盈利手段会不可避免地承受巨大的舆论压力，而舆论这一点所带来的问题，在“3Q 大战”之时腾讯人就早有体会。

因此，腾讯面临着两件事要做：第一，开辟更多的盈利模式，让 To C（针对消费者市场）的业务多元化，在不影响用户体验的前提下让腾讯的流量优势得到变现；第二，拓展 To B（企业级服务）的能力，持续开放平台，维护企业的正面形象。事实证明，战略投资同时做到了这两件事。

在一定程度上来说，腾讯的游戏业务就类似巴菲特的伯克希尔·哈撒韦公司里的保险业务，它们都让主公司有足够的现金流以投资的方式开拓疆土。只不过，伯克希尔投资的公司相互之间都是独立的，而腾讯投资目的最终还是要回归到优化腾讯自己的产品来更好地服务消费者和企业。正因如此，巴菲特出手次数虽少，但每一次大部分情况都是重金收购，或者成为大股东，然后靠着复利“坐享其成”；而腾讯的投资，多以参股为主，扶持合作企业，而且因为布局广泛所以出手更频繁，十一年里腾讯就投资了 700 个项目。

不过，马化腾对“能力圈”与“护城河”的概念想必是非常认同的。腾讯战略转型的重要原因之一，就是大家意识到自己最擅长的业务是即时通信和网络社区。因此，在这个“能力圈”边界外的事情，马化腾甘愿交给合作伙伴去做。自营的电商、搜索在经历了挫败后更是坚定了这一方向，于是腾讯分别投资入股了京东和搜狗，并且不干预他们的经营。这乍一看，腾讯不是在投资自己“能力圈”外的企业吗？

其实，从管理和运营的角度，电商、搜索确实不在腾讯的“能力圈”内；但从投资角度，却恰恰相反。不是所有足球教练都擅长踢球，但有过职业球员的经历，大多情况都帮助了他们成为顶尖教练。

从外界看来，腾讯的投资可以分为两类：一类是促进企业双方的合作，让腾讯作为一个连接平台，发挥其流量入口的优势；另一类是扶持“敌人的敌人”，遏制竞争对手在一个垂直领域的一家独大。转型前的腾讯，通过“内部赛马”的竞争机制，自己开发出新的软件或者应用，然后进行横向扩张；转型后的腾讯则以合作的形式，投资不同领域的企业，建立生态链，从而获得进入新领域的机会。所以，腾讯只是换了一种间接的方式来巩固自己原有的“护城河”。

可以说，腾讯的“护城河”，一部分是自己在创造，一部分是通过投资让合作伙伴来协助巩固，而被投公司未必要有“护城河”。相比之下，伯克希尔·哈撒韦公司则是本身自己不创造“护城河”，而是收购各种各样已经拥有“护城河”的企业，再让他们继续独立发展。

伯克希尔的分公司几乎不会受到总公司的任何监管，巴菲特之所以对分公司的管理和经营能够如此完全放权，一方面是因为这些企业本身就是万里挑一，另一方面，巴菲特和芒格会评估管理层是否为人诚实正直、有专业才能以及热爱自己的工作这三方面。他们自称在总公司的主要职责只有一个，就是资本的分配。这也是为什么伯克希尔总部的职员不超过 30 人，巴菲特甚至还觉得太多。总公司负责调度资本，分公司则负责做好自己领域的业务，彼此算是一种相互独立的合作关系；从这个角度来说，腾讯与合作伙伴的关系亦是如此。

选择与趋势

2018 年，随着腾讯的股票持续走低，网络上出现了各种反思腾讯发展的文章。除了《腾讯没有梦想》之外，著名投资人李国飞以一篇《全面反思腾讯的战略》的文章，从另一个角度来分析腾讯面临的局面。

文章指出，腾讯的投资虽然旨在“连接一切”，但是因为没有好的算法，并没有很有效地利用好自己通过合作而获得的数据；甚至腾讯内部自己都没有把数据打通共享，所以微信巨大的变现潜能迟迟没有得到实现。总之，腾讯的战略投资出发点是好的，但没有达到预期的效果。

为什么腾讯迟迟不利用微信的流量变现，我个人认为更重要的不是客观原因而是主观原因。张小龙在2019微信公开课中强调，微信的首要定位依旧是一个为服务用户而存在的产品。为了盈利而损害用户体验的事情，比如在微信启动页里强塞广告，张小龙是不会同意的。他更关心的是，微信是否是一个好的工具，是否能够了解用户的需求，并且快速有效地满足它们，而不是想方设法地让用户长时间停留在微信上，榨取用户价值。

转型后的腾讯致力于将自己打造成连接一切的平台，而微信更是体现了张小龙的价值观，在这一点上它们保持着高度的一致。张小龙说："当一个平台只是追求自身的商业利益最大化的时候，我认为它是短视的，不长久的。当一个平台可以造福人的时候，它才是有生命力的。"一个健康的平台既要为入驻的企业提供公平竞争的环境，又要保证能给用户带来方便快捷的服务。

张小龙毫不隐讳地指出，当初微信公众号的功能出来时，被一批投机分子"当作一种流量红利来滥用它"。所以，后来在开发微信小程序时，团队非常有耐心，他们希望在做 To B 的业务时，能够避免市场上还普遍存在的用户被企业绑架的乱象。

网络上对微信的众多批评，透露出这样一句潜台词：腾讯本可以赚到更多的钱。这种心理，就好似观看别人打麻将时，当别人摸到一手好牌就情不自禁地想去指挥别人。但是，我们应该想一想，腾讯真的只是一个一心想着赚钱的企业吗？

腾讯发展到现在，不可能像初创公司一样，以盈利和生存为主要目的。它每走一步都必须非常谨慎，所以在做产品时所要考虑的因素，绝不局限于盈利这一点。张小龙说："一切盈利都是做好产品做好服务后的自然而来的副产品。"

就微信而言，一个用户超过十亿的产品，覆盖人群的年龄、阶层、职业、习惯等特征天差地别，这会带来两个难点。第一，它必须能够从本质上解决一些普遍存在的问题，让所有人的某种需求得到满足，在这个大前提下，再去考虑满足不同人的不同需求。第二，它得保证用户在线上和线下的利益不容易受到侵犯，因为大平台的一个小疏忽就可能带来非常严重的后果。

关于第一个难点，可以类比我们熟悉的春晚，为什么总是遭人吐槽难有新意，其中一个重要原因，就是它所面对的观众，决定了它必须在内容上对各个方面都照顾周全，新意就自然不是优先考虑的重点；而关于第二个难点，2018 年的滴滴事件就是一个很好的反例，深陷"泄密门"的 Facebook 更是给同为社交巨头的腾讯敲响了警钟。

Facebook 的早期投资人之一彼得·蒂尔，其实多年以来就对所有大型科技公司的自大无知做过警告，称它们对人类的益处远比它们想象得要少。《纽约时报》的一篇文章中写到，蒂尔认为，对于一家企业而言，拥有一些除赚钱之外的追求至关重要。可是到了某个阶段，企业就开始变得疯狂和自我妄想。

关于"硅谷投资教父"彼得·蒂尔，也许很多人并不熟悉，但是他曾投资或帮助过的公司，人们或多或少应该都有所耳闻：PayPal（是一个总部在美国加利福尼亚州圣荷塞市的在线支付服务商）、Facebook（脸书）、特斯拉、LinkedIn（领英）、SpaceX（太空探索技术公司）、Airbnb(爱彼迎)、Spotify（全球最大的正版流媒体音乐服务平台之一）、Lyft（打车应用，中文译作“来福车”）、Yelp（美国最大的点评网站）、Reddit（一个社交新闻站点）、Flickr（雅虎旗下图片分享网站）……

《从0到1》这本书是蒂尔的经典之作，其中最著名的观点，就是初创公司应该试图实现特定领域的垄断，来避免消磨利润的竞争。这里的“垄断”几乎与“护城河”的定义如出一辙，而实现长期垄断的方式，应该是从0到1的创新，而不是从1到N的模仿与竞争。

从0到1属于“垂直进步”，从1到N属于“水平进步”，蒂尔认为前者往往比后者为社会创造出更多的价值。书中写道：“垄断者除了想着赚钱外还有余力想其他事情，而非垄断者就不行。在完全竞争中，企业着眼于短期利益，不可能对未来进行长期规划。要想将企业从每日的生存竞赛中解脱出来，唯一的方法就是：获取垄断利润。”

彼得·蒂尔对竞争的厌恶，也与他的个人经历有关。蒂尔从小就是国际象棋选手，12岁时排名全美第七。后来他顺利考入斯坦福大学法律专业，毕业后进入了当时大家都梦寐以求的律师行业。在经过七个多月的煎熬之后，蒂尔选择了辞职，并开始反思自己的人生。他发现，自己一直以来所做的选择都受到了社会身份的束缚，别人的羡慕令他丧失理性，对竞争胜利的狂热令他冲昏了头脑，忘记了真正对自己重要和有价值的东西是什么。

从那之后，蒂尔就变得特立独行，虽然他的许多观点和行为都令常人难以理解，但是他独到的投资理念和人生哲学确实给他带来了丰厚的回报。蒂尔说：“与其总是和每个人一起挤在一个小门口，不如另辟蹊径到转角处找到那个无人问津的大门。”

毫无疑问，腾讯在一些领域已经能够获得垄断利润了，它选择做一些与盈利无直接关系的事情，也就不难理解了。比如，腾讯投资了那些似乎不盈利甚至还亏钱的“功能游戏”。2018 年，腾讯公布的功能游戏涉及传统文化、理工锻炼、科学普及三大领域，属于游戏界的冷门。

“功能游戏”，旨在解决现实社会和行业中的问题，最早兴起于美国，应用于军事、教育、医疗、文化等领域。一个很多人熟悉的例子就是 Windows 系统中自带的四款经典小游戏——纸牌、扫雷、红心大战、空当接龙。微软加入它们不是为了纯粹的娱乐，其中“扫雷”就是为了训练用户能够更灵活地使用鼠标左右键。近些年功能游戏发展迅猛，应用广泛，但在中国还处于萌芽阶段。

腾讯涉足“功能游戏”投资的同时，还扶持各种各样优秀品质的独立游戏。这些举措，对于被投的初创公司而言，能够缓解它们为利润竞争所带来的压力，让它们更容易着眼于长期利益，通过创新来打造自己专属的“护城河”；对于游戏市场而言，能够促进游戏产品内容的多样性，有利于游戏行业健康生态的建设；对于社会而言，能够减轻游戏带来的负面舆论，长远来看对腾讯的发展是有利的。越是行业老大，越希望整个行业欣欣向荣，规则明确，局势稳定；只有初出茅庐的，才希望群雄逐鹿，硝烟四起，趁乱洗牌。

近些年，不论是在游戏，还是在影视、音乐、文学等文娱行业都存在着内容同质化的现象。从 0 到 1 的作品鲜有出现，而一旦一个文化产品在市场上取得成功后，就会有一大批类似的作品涌现出来，试图迅速复制它的成功。

这种现象是由多方面原因造成的，比如创新的成本和风险太高、知识产权保护力度不够。从更深层次的角度来说，是因为急功近利、投机取巧的风气，不仅存在于文娱行业，还渗透到了各行各业中，形成时间长，难以在短期内有所改变。改革开放 40 年以来，中国经济飞速发展的同时，社会、政治、文化的发展不平衡不充分。

随着万物互联的 5G 时代临近，互联网与传统行业，第三产业与第一、第二产业，消费者与生产者之间的关系，都将会变得更加互相依赖、命运同体。2019 年是中国进入经济转型与结构调整后非常重要的一年，之前没有及时解决的问题，在新一轮技术革命下会暴露得更明显。它们所带来的恶果，也会直接分摊给更多的主体，迫使更多的人意识到，把短期经济效益当作决策的唯一标准，一味追求速度而忽视质量的发展方式，将越来越不适合中国。

资源共享、信息互通、跨界合作、互利共赢的发展模式，乃是大势所趋。马化腾很清楚地认识到这一点，他屡次在公开场合强调，腾讯不会进入各行各业取而代之，而是做好助手。具体表现为三件事：做连接，为各行各业进入数字行业提供接口；做工具，提供最完备的工具箱；做生态，成为共建数字生态的共同体。这些都是为产业互联网搭建基础措施，增强硬实力。

而且，腾讯主动承担更多的社会责任，积极配合政府解决社会痛点问题，从价值观上给所有企业起到引导和带头作用，改善软实力。2018年年初，腾讯推出“科技向善 (Tech for Social Good)”项目，“希望针对大众所面对的技术演进带来的重大问题，邀请政府、企业界、学术界、大众与媒体一起，对新技术带来的一切变化保持觉察，让社会各方真正意识到科技给社会带来的诸多问题，寻求最大范围内的共识与解决方案，并引导技术和产品放大人性之善，实现良性发展，用科技来缓解数字化社会的阵痛”。腾讯创始人之一张志东表示，平衡商业利益与社会责任，是科技公司在接下来所面临的重大挑战之一。

天下大势，浩浩汤汤，顺之者昌，逆之者亡。顺势而为，无疑是马化腾和腾讯做出的选择。

附　录　二

马化腾谈数字经济、企业责任

尊敬的各位嘉宾，大家下午好！

非常荣幸再次来到世界互联网大会，这是我第四次来，每年来到乌镇，都能发现一些新的变化。今年（2017 年）最明显的是，我看到会场的很多服务环节，都实现了数字化升级，比如车牌自动识别、人脸识别、手机扫码叫导览车、点餐等，还有包括微信支付在内的移动支付，包括摩拜在内的共享单车。这些都是在这一两年高速发展的数字经济带来的创新。这些细小的变化，让大家切身感受到数字技术带来的实惠。

另外，我们也发现，今年展厅的科技感更强了，科技成果很丰富，比如机器人、翻译机、量子通信等。包括今年腾讯展出的项目，基本上都跟前沿技术有关，比如 AI（人工智能）和 VR（虚拟现实）。

今年大会的主题是“发展数字经济，促进开放共享——携手共建网络空间命运共同体”。过去一年，数字经济已经成为发展最快、创新最活跃、辐射最广的经济活动。全球主要的科技与互联网公司都站在这个风口上，获得了高速的发展。

仅仅在这一年时间里，我们看到全球市值最大的十家公司里面，有七家是科技公司，这七家里面又有五家是互联网公司。但是，当外界掌声越热烈的时候，我们更需要清醒地看到自己肩负的责任。今天，我想从三个方面来分享对责任的理解。

创新

我们今年提出，腾讯要成为一家以互联网为基础的科技与文化公司，这里面最关键的就是创新。在数字经济时代，新产品的迭代速度都是以月，甚至以天为单位的，大公司也需要非常快速和敏捷地迭代。

在全球新一轮产业革命面前，新科技带来了重新洗牌的机会。过去，中国企业主要扮演新技术的跟随者，但今天我们需要成为新技术的驱动者和贡献者，与全球合作伙伴一起协同发展。如我们通过腾讯云将最新的技术开放给企业；通过内容开放平台促进文化创意产业的发展。未来，更多的科技与文化产品，将通过数字丝绸之路走向世界。

过去一年，腾讯在新技术领域加码投入，取得了一些成果。我们成立了公司级的 AI Lab（人工智能实验室），并在美国西雅图设立首个海外实验室。例如，大家在展厅看到的腾讯觅影项目，就是我们的第一个医学影像AI产品。过去病人到医院，做CT（一种医学扫描检查技术，主要是扫描人体大脑的情况）、MRI（磁共振成像）检查之后，基本上是依靠医生的个人经验来看片子，现在我们可以利用AI和大数据的能力，让机器筛查和分析医学影像，来辅助诊断。

目前我们在食管癌、糖尿病、肺癌等领域，已经有了非常好的研究成果。其中，食管癌筛查的准确率已经超过了传统的筛查手段。我们正在跟更多的医院进行合作。

赋能

数字经济与实体经济的关系，是融合而不是替代。以互联网为代表的数字技术，帮助线上线下打通成为一体。过去我们说，互联网公司要尽力解决个人用户的“痛点”。未来，数字经济要求我们互联网公司给各行各业赋能，解决传统企业的“痛点”。

我们需要通过智慧连接，帮助各行各业实现数字化转型升级，让各行各业最终能够在云端用人工智能处理大数据。尤其在制造业这个主战场，我们需要通过“互联网＋先进制造”，不断推动软件、硬件和服务一体化的智能制造。这种赋能和创新，目前全球都没有现成的经验可以借鉴，需要我们所有互联网企业与各行各业一起合作，以开放分享的态度来探索和尝试。

举个例子，最近我们与各地公共交通部门一起合作，推出了乘车码。目前已经在合肥、广州、重庆等全国12个城市落地。用户通过手机里的微信小程序生成二维码，就可以省下排队买票的时间，直接在闸机前扫码通过，去乘坐公交或地铁。即便在离线状态下，乘车码也能实现 0.2 秒左右的响应。这个创新还能帮助交通部门，将来实现乘客实名化等应用，对于解决城市交通拥堵和出行安全，都很有意义。

治理

以互联网为基础的数字平台，正在从“多用户”平台，变成“全用户”平台，它像水电设施一样，成为今天人类社会所有个人和组织的基本需求，这对互联网公司的业务模式、组织形态和企业责任等都将提出新的要求。

这次世界互联网大会强调，希望为全球互联网的治理贡献中国力量，向世界呈现“共建网络空间命运共同体”的中国方案。

目前，这个“命运共同体”中出现的各种新问题，涉及法律、道德、技术、文化等方方面面，不是任何一家公司或组织可以凭借一己之力就能够完全解决和应对的，需要各国政府、行业合作伙伴以及社会各界一起探索，进行共建、共治。

去年我在这里特别提到了，在信息安全、打击网络电信诈骗等领域，我们也正在摸索的“共治模式”。今年在未成年人保护方面，我们推出了“成长守护平台”，帮助家长来了解和监护未成年人子女的游戏行为。目前，这个平台已经覆盖了腾讯旗下 200 多款游戏产品，这些举措在整个行业里都属于首创。互联网企业、家长和教育机构一起努力，才能取得好的共治成效。

总之，我相信，“网络空间命运共同体”有赖于社会各方的共建与共治。我希望，腾讯能够承担起更多的责任，成为“中国力量”和“中国方案”的组成部分，为“网络空间命运共同体”的共建和共治，做出更大的贡献。

谢谢大家！

马化腾清华大学“洞见论坛”演讲

非常荣幸来到清华的论坛。刚才听 Brian Kobilka（布莱恩·克比尔卡）教授的演讲，感觉自己特别的渺小，因为我感觉我听懂不到30%。

刚刚我了解到，Brian 教授其实也是一个企业家。在国外，科研和商业的结合是非常常见的。我也了解到，张首晟教授是物理学家，也是投资人，也有企业。

前不久我在微信里向他祝贺了他们的团队发现了天使粒子，也看过他的朋友圈直播了在美国的日全食，看到他在白板上解释日全食的原理。我的感受就是：不想成为科学家的投资人不是一个好的企业家。

在座还有饶毅教授，我们知道在最近这一年，饶毅教授和我们的施一公教授、潘建伟教授、陈十一教授还有钱颖一教授一起创办了一个西湖高等研究院。

虽然在清华讲这个不太对，但是我觉得教育和公益是不分彼此的，没有门第之见。我们在清华的学者班的几位同学也受到感召，虽然我们过去很想成为科学家，但是没有这个机会。就像我刚才讲的，不想成为科学家的投资人不是好的企业家一样，我们也成为第一批捐助人之一。

在座有我们与清华合办的“清华 – 青腾未来科技学堂”的学员，也有腾讯过去青腾营的学员，更有我们清华的企业家与学者。与同学们在一起探讨科技的未来，我觉得非常的荣幸。

Brian Kobilka 和张教授都来自斯坦福，大家知道斯坦福是硅谷创新的发源地，很大的特点就是把科技和商业完美有机地结合在一起，我觉得这个是非常值得全球尤其是中国去学习的。

虽然说中国没有像国外的斯坦福、哈佛这样的私立学校，更多的还是公立学校，但是我们还是做了很多创新的尝试。腾讯和清华很早就成立了一个联合实验室，近期也转向研究 AI。包括这一次，我们共同举办了“清华 – 青腾未来科技学堂”。我们希望通过不断地尝试来促进科研和产业界结合与创新。

我了解到，这次我们学堂的四十八位同学是从超过一千家黑科技企业创办者里面选出来的，录取率 4%，非常难。可以看到，中国目前其实也在这方面做了很多的努力。

具体到腾讯来说，我们怎么看科技和商业的结合呢？我想分享几个看法。

第一，就像刚才程教授提到的，当今的社会在这一两年有了很大的变化，全球市值最高的十家企业，前五家在短短的一年内成为以科技，包括以互联网、信息科技为主的企业。过去前十大企业基本上都是能源和金融巨头，在这一两年内发生了翻天覆地的变化。腾讯和阿里巴巴也有幸成为十大公司之一。十大公司之中有七家是互联网和科技企业，这可能给大家带来一个触动。

大家知道，高盛最近说它也是一个科技企业，说超过三分之一的人是科研研发人员，也说研发人员超过了 Facebook 的研发人员，我们还没核实这个数字。但这给我的感受就是，各行各业都这么努力，我们还有什么理由不去努力呢？

我们现在越来越感受到，随着数字经济的发展，科技越来越融入各行各业，在数字化和智能化的大浪潮里面，科技是我们所有产业界都必须要去关注的。

第二，腾讯可以做什么呢？腾讯过去的业务主要是社交、通信、数字内容还有一些金融服务，其他的主要是投资以及与其他生态公司合作。对我来说，我感受有几个基础性的因素是我们愿意大力投入的。一是 AI，二是云计算，三是大数据。我们会通过互联网 + 等方式和各行各业、学界和研究界进行合作。

我曾经说过，未来所有企业基本的形态就是，在云端用人工智能处理大数据，这是一个大方向。在这个方向上，对于腾讯来说，我们更加关注我们在 AI 方面能做什么。

AlphaGo（阿尔法围棋）打赢了围棋的人类世界冠军，大家都在关注 AI 了。我们也快速投身于 AI，在工程上实现了围棋算法可以打赢世界冠军以外，我们最近还在医疗方面推出了一个产品叫腾讯觅影，就是用人工智能处理医学影像，比如对食道癌进行早期筛查，还有肺的切片、乳腺癌，还有很多需要医学影像分析的领域，和医院专家进行合作。通过深度算法，相信 AI 未来在医疗领域还是可以起到非常大的作用。

人工智能还可以运用到金融等领域，还有我们所理解的机器人，以及日常生活中的、商业中的方方面面，我觉得这是一个大的趋势和潮流。

另外一个是云计算，“云化”谈了很多年，但是现在越来越清晰了。很多企业原来是很保守的，希望把数据放在自己的内网上，不想公开，不想放到外网去。但是我觉得这个狭隘的思想已经过时了。这跟过去发明了电一样，不可能每一家不用公共的电网，而是在自己的家里搞一个发电厂，这是绝对不可能的。

过去把用电量作为衡量一个工业社会发展的指标，未来，用云量也会成为衡量数字经济发展的重要指标。大数据就更不用说了，一切有云，有 AI 的地方都必须涉及大数据，这毫无疑问是未来的方向。

在此基础上，腾讯是希望大量地和各个产业界进行合作，也包括这些研发处于前沿的高校科研机构，能够展开充分的合作。我们在美国有一个特殊的团队，David Wallerstein（腾讯公司高级执行副总裁、腾讯美国主席网大为）担任高级副总裁，他的抬头是 CXO，Chief Exploration Officer，首席探索官，很少有企业有这样的职位。他现在看的很多产品和投资方向都不是腾讯目前在做的事情，包括太空探索、卫星公司。比如我们投的阿根廷卫星公司，可以用小卫星拍摄近地面的实时或者是准实时的影像照片。另外生物医药的投资我们也很积极。

当然包括我们也投资了特斯拉 5% 的股权，我们觉得特斯拉里面的很多黑科技都会源源不断地诞生，它是未来方向的一个代表。所有未来的科技都和云、AI 和大数据是分不开的。当它们结合的时候，我们就有用武之地了，我们就可以帮上忙了。场景和市场是最重要的，只要你有市场，不管是技术还是人才，包括新的科技，都会跟着你走，这个是我们探讨的未来。

最后我想讲在这种环境下，产学研需要有一些创新的生态。一年前我参加了香港的 Hong Kong X，这是红杉资本沈南鹏和香港科技大学李泽湘教授他们发起的组织。我们感觉到产学研结合应该是大有可为的。我们希望依托香港的国际化和高校资源，依托粤港澳大湾区有智能制造、人才和生产基地的大环境做一些事情。

他们的团队跟我介绍说，国外在产学研方面有一些新的变化，比如说在波士顿附近有一个奥林工程学院，这个学院很特别的，学生一进来就打破传统院系专业，通过跨界融合的方式与企业合作，让学生通过做项目的方式把理论和实践的学习得到结合。再比如加拿大的滑铁卢大学也有很多跟企业合作的项目。另外，MIT 最近也有一个叫“引擎”的计划，通过一些学校的基金，鼓励学生把想法变成现实，把一些样品变成商品，这是个新的趋势。

李泽湘教授和港科大的校长希望说服我支持他们一些新的计划。比如说能不能在香港按照刚才提到的一些新模式成立一个新型的教育机构，我们姑且叫作湾区科技大学，或者说科技中学，从头培养创新人才，为整个粤港澳大湾区做服务。这也是一个非常好的点子，我们还在探索。

对腾讯来说，我们最近暑假做的一个事情，就是发起了腾讯粤港澳青年营。我们请了粤港澳三地大概一百名的青年，主要是高中生，参加夏令营，到深圳的腾讯、大疆等一些企业去接触科技，在腾讯可以体验 AI，包括 AR、VR 等技术，以及无现金的消费体验等；也包括到大疆去体验无人机和机器人等。

当然还有很多青年人特别喜欢的活动，像帆船、棒球，这些都是他们平时比较少接触的活动，年轻人很兴奋。这也促成了粤港澳三地青年人的融合。我们还开放了暑期实习岗位给粤港澳三地的大学生，这些方向都是我们努力在做的。

最后希望我们产业界和学校界能够更加紧密地联手起来，共同迎接未来整个产业数字化和智能化的浪潮，谢谢大家！

马化腾在第三届数博会上的演讲

大家下午好！非常荣幸最后能搭上末班车参加我们的第三届数博会，从第一届开始，当时我不知道数博会到底是一个什么样的主题盛会。当时被郭台铭“忽悠”过来了，来了之后印象很深，大有可为，贵阳的这个点非常好。特别是在三年前大家觉得贵阳不可能能够发展起来数博会，今天我们可以看到这是一个盛会。

我们开始打算在贵阳、贵州建立一个数据中心，今天我们也要跟大家介绍。因为前几天在英国有别的事情，所以今天从英国赶过来，说今天一定要参加数博会。今年我们腾讯整个团队在全球投入，从你们的挂牌到外面的广告我们在这方面的投入是全力以赴的。我们也很有幸成为这次会议的合作伙伴，在这个过程中，我觉得这次最后来，也有好处。我来的时候看了一下，在过去除了世界互联网大会以及深圳的大会，又一次看到 BAT（百度、阿里巴巴、腾讯）三家聚集，说明数博会的确非常成功，吸引国内企业的关注。

我来之前，看到马云和李彦宏隔空对战，有一点火药味，甚至对大数据本身，他们的看法都有所不同。马云认为数据是很重要的，没有了数据什么都不行，很有道理。李彦宏提出数据不是太重要，在大数据博览会说数据不重要，很大胆，说创新更关键。

我想表述我的另一个观点，在人工智能方面，更重要的要素就是场景，或者叫应用场景，或者我们称之为战场，我认为这是最关键的。有了市场、有了场景，数据自然会产生，也会驱动技术发展，人才也跟着来。从不可复制性来说，计算能力、大数据都是可以复制的，但是市场和人才是不可复制的。

就像我们 IT 三家有各自的主战场，滴滴、摩拜有出行场景，我们看到美团、58 同城有生活场景，在人们的日常生活中，使用习惯上有了很深的意识，人们的生活习惯已经形成。所以有了这个战场才会在未来，在人工智能时代才能借助新的技术，才能把握先机，否则光有技术、光有数据没有用的。

开篇比较长，所以也是点评一下。大家知道今年“两会”报告里面提到数字经济，“两会”结束不到两个月，关于数字经济的书就出来了，可以看看我们团队的一些观点。在 2015 年总理提出互联网 +，到今年提出数字经济，这里面是相辅相成的。

比如说我们现在讲数字经济，我们看到在这两年来谈互联网 + 出来的结果，但是互联网结果是一个手段，我们谈数字经济仍然离不开互联网 +。我们在两年前，和贵州省签了战略合作协议。现在有医疗、交通、旅游很多方面都充分发挥了互联网的作用。我们在 2017 年举办的中国互联网 + 大会，在大会的互联网上面，我们也欣喜地看到贵州在互联网上面取得的成绩。

另外和大家汇报的就是我们去年在贵州建立一个大数据中心，那么我今天也了解很多材料，这是什么概念？应该说这是中国最安全的大数据终端，他有几个特点，第一是安防性，园区外面有红线设置。另外是高安全性，这个设计是为了防地震和防爆炸，另外高效，因为大家知道贵州的天气非常凉爽，它的电力非常好，空气也非常好，可以让工作效率非常高。

我们提出来全球第一台量产的，能够把数据中心的效益做到 1.2，这是一个非常低的数字。这个是我们未来用来存储大数据的。2015 年 8 月份，我们到天津参访拜访。我说昨天我们的天津大爆炸在我们的中心 1.5 公里爆炸了，但是我们全体人都撤了，我们也非常担心，这就敲响了警钟，就是数据多重要，如果再严重点，你们朋友圈就全坏了。

第三个就是我们下午还有一批新项目的签约，包括精准扶贫、版权、智慧城市，另外是我们投资的创投基金也会和贵州的合作，这一系列都是我们这次数博会给大家汇报的。

另一个我谈数字经济的另一个特点，就是实体经济，实体经济正在全面数字化，相信未来数字中心将会进入各行各业实体经济里面每一个角落里。这个情况下，我们的定位非常清楚，我们做了连接器，我们做了水和电，我们做配角，主角是各行各业的传统企业，我们为它提供工具。第二就是新，就是创新。有大量的创新机会，诞生于每一个垂直领域都蕴含着创新，我想举个例子，比如说就在贵州有一个企业叫“货车帮”，他在 360 个城市开通了服务，全国的货物情况精准对接起来，极大降低空载力，这个公司给司机提供精准服务，这是比较好的案例。第二个案例就是比较传统的，传统企业做房产中介的，叫链家，传统企业面对互联网的企业的压力，它积极往上走，敢于突破、敢于往线上走，线上线下结合。第三个案例就是我们叫未来汽车，把电动车，先做成电动跑车，目前在全球各大主要的赛道上，每到一个地方都可以拿到 0 到 100 公里的加速，通过这个案例证明自己在电动领域的研发实力。这个未来电动车会跟电脑的线下服务结合起来，未来会看到工业信息领域都是互联网化、数字化。

第三就是通，联通，我们看到数字经济让中国经济走出来，叫数字经济丝绸之路，这怎么理解？过去国外说中国企业没有版权，最近这五年中国版权已经得到非常大的发展，包括这个电影、电视剧，也包括网络游戏，这几年非常火的手机游戏、音乐、动漫各种各样的文化产业蓬勃发展，我认为中国数字文化产业就是新的丝绸，中国应该抓住大好机遇，能够和国外好的企业多合作，要把握非常好的机会去布局全球的数字文化产业。

工业时代、电气时代的一个经济发展的指标，就是用电量、耗电量，怎么用云或者叫用云的量，它怎么表达呢？它确实计算 CPU 的内核，也可以带宽多少P，也可以是存储多少多少P，这些单位是一个综合的概念。未来这个一定是非常重要的一个指标，这个应该说在未来这三年打下了非常好的大数据基础，我也想在未来和贵州一起携手深度合作，能够在贵州取得成绩，希望得到在座的各位的支持，谢谢大家！

马化腾 2019 中国（深圳）IT 领袖峰会演讲原文

尊敬的各位领导、各位朋友，大家上午好！

非常荣幸再一次来到 IT 领袖峰会的现场，刚才前面的片子也介绍了，从 2009 年到现在，峰会已经开过了 10 届，今天是第 11 届。站在这个新十年的开创之年，我想说，未来 IT 对于深圳的意义会更加重要。

刚才几位领导的发言，也给我们加油鼓劲，带给了我们很多信心。这个月好消息不断，第一个就是粤港澳大湾区的《规划纲要》也终于发布了，深圳在其中的定位是“国际科技创新中心”，这个对于深圳的互联网与科技企业来说是一个非常重要的机遇。腾讯希望抓住这个重要机遇，并贡献自己的力量。我们积极推动“数字湾区”建设，助力打造“一小时智慧生活圈”，我们还通过举办论坛，推出湾区青年交流计划等，帮助大湾区融合创新。

另外一个好消息是，总理的政府工作报告提到，今年要大幅降低企业和个人的税费负担，而且针对大湾区高端人才的个税优惠政策也紧接着出来了。我想这些政策措施也都是大家期盼的，让我们非常振奋。

我们还注意到，今年工作报告里特别提道：“打造工业互联网平台，拓展‘智能 +’，为制造业转型升级赋能。”回顾过去几年，2015 年政府提出了“互联网 +”，2017 年开始谈“数字经济”，去年提到“数字中国”，今年又第一次提出了“工业互联网”和“智能 +”。尽管每年提法不同，但目标是相同的：我们希望在全球新一轮科技与产业革命中，抓住“信息技术（IT）”这个最大的变量，推动各个产业进行“数字化、网络化和智能化”的转型升级。

很多朋友记得，腾讯在去年 9 月宣布了新一轮的架构重组和战略升级。我们当时提出了“扎根消费互联网，拥抱产业互联网”。也有朋友会问，“产业互联网”与“工业互联网”是什么关系？其实，它们在英文里都是同一个表述。正如“工业革命”和“产业革命”，英文表述也一样。从历史来看，蒸汽机、电力不单单在制造业得到广泛应用，也给其他产业带来了深刻改变。

今天，信息技术也会给我们带来同样深刻的影响。我们认为，工业制造业是实体经济的重中之重，“工业互联网”是“产业互联网”的主战场。但“产业互联网”还会更宽泛一些，能够囊括服务业，甚至农业的转型升级，也包括制造业的一些新变化。比如，很多大型车企借助互联网，开始涉足汽车租赁、智慧出行等领域，通过打通产业链，成为一个综合的服务提供商，而不是像过去，已经不仅仅是一个制造企业。

下面我想借这个机会，跟大家一起探讨，在5G和AI时代，产业互联网的一些发展趋势。

第一，在5G+AI“双核驱动”下，各行各业转型升级的门槛会不断降低，产业互联网的发展将进入“快车道”。腾讯一直专注做连接，我们希望连接人与人、人与物以及人和服务，让万物互联成为产业互联网的基础。微信已经成为中国首个拥有十亿级用户的互联网产品，但连接人与人的极限，在全世界就是几十亿个节点。如果连接人和物、人与服务，节点规模将会增长到几百亿，甚至几千亿的量级。而5G和IPV6（互联网协议第6版）则顺应了万物互联这样的一个趋势，经过测试5G网络在每平方公里内能支持100万个设备同时联网，它还具有大带宽、低时延、高可靠等特性。我们可以把5G网络看作一把钥匙，它能够帮我们解锁原先难以数字化的现实场景，让数字技术以更小的颗粒度重塑现实世界。

比如在医疗领域，远程诊断、手术往往受限于网络带宽和时延。未来，偏远地区的患者，就可以通过5G网络，更便捷地获得远方专家的帮助。包括急救车在开往医院的途中，就可以利用5G网络，将患者手术之前的准备工作与医院进行远程同步，实现急救车与手术室的无缝连接。

未来，5G与AI会相辅相成，5G还能够帮助更多的AI应用落地，

AI 则可以让 5G 网络更加灵活、更高效地被人们使用。特别是边缘计算会变得更加重要。通过“超级大脑”，云、边、端会进一步协同起来，我们可以让 AI 更好地融入万物互联的世界，帮助用户更多、更快、更便宜地调用算力、数据与存储资源。

比如，在智能网联汽车领域，腾讯最近与运营商、交通部门合作，推出了车路协同的整体解决方案。具体来说，就是通过路边的摄像头、车上的传感器以及部署在边缘计算平台的 AI 能力，识别出汽车、行人的位置与速度等信息，并实时发送给周边车辆。这能够有效地解决 4G 时代难以实现的“毫秒级低时延”，以及高精定位等问题，将大幅提升车辆的运行效率和安全性。目前，腾讯与合作伙伴正在积极推动，边缘计算领域的开源，希望未来能与更多合作伙伴一起，共建 5G 应用生态。

尽管我们看到 5G 将推动 AR、VR 技术走向成熟，并能够为 4K 高清视频、云游戏等产业带来发展空间，但是，我们仍然无法预知 5G 商用，对各行各业带来的影响，它很可能为我们带来一个全新的产业互联网。

第二，借助产业互联网，各行各业的数字化转型升级，将从传统产业自己“单脚跳”，变为与互联网协作的“双腿跑”。几年前，我们提出“互联网 +”，今天已经变成“+ 互联网”。很多传统产业经历了从“触网”到“上云”，从尝试了解“消费互联网”，发展到主动拥抱“产业互联网”。腾讯希望成为各行各业转型升级的数字化助手。

在新一轮全球科技与产业革命面前，各国都在寻求传统产业转型升级的道路。目前中国拥有超过八亿网民，98% 的网民使用移动互联网，移动支付用户接近六亿，这些数据远远超过了老牌工业强国。我们认为，中国传统产业需要充分借助我们在移动互联网领域的领先优势和创新能力，打通消费端与供给端的有效连接（即 C2B），帮助整个供应链更新迭代，能够对 C 端用户的需求变动，做出灵敏而精准的反应。这正是目前腾讯和合作伙伴一起探索的方向。

工信部很早就提出“两化融合”，今天来看仍然具有重要的战略意义。在制造业领域，我们的探索还处于初期。比如我们尝试在制造业质检这个最后环节引入了 AI 技术。例如，深圳的面板制造企业华星光电，为了保证产品质量，之前雇用了大量的质检员。一般来说，质检员要培训三个月才能上岗，最熟练的质检员也要三秒才能检查一张图片，而且每天只能看数千张。很多人不愿做大量重复性的工作，所以招工也很困难。为了解决这个问题，腾讯与合作伙伴一起，为华星光电提供了 AI 辅助检测的解决方案。我们通过物联网采集数据，利用深度学习建模，并借助边缘计算对产品缺陷进行光学检测识别。这个系统可以二十四小时不间断地进行质检，不但时间减少为原来的百分之一，而且准确率还提高到了 90% 以上。

再比如，鞋业公司百丽 2017 年从港交所退市后，一直在苦练内功。一双鞋从原材料供应、设计制造，到门店决策、会员管理等流程，都可以纳入数字化管理。腾讯智慧零售团队与百丽合作，通过进店流量、顾客店内活动的热力图，我们可以帮助门店进行有效决策。目前，百丽还开始探索借助门店数据反馈，迅速对设计制造等环节进行调整。

另外，腾讯在智慧零售领域也正在与台下张文中的多点等企业进行合作和探索。

第三，传统产业与互联网正在融合成为一个命运共同体，科技创新与网络安全是这个共同体的两大基石。过去几年，我们看到金融、零售、交通、政务、医疗等领域与互联网的融合正在逐渐深化。企业和政府进行数字化转型，经常问的问题是安不安全。过去的数据孤岛，大家感觉好像挺安全。今天联了网、上了云，实现了互联互通，带来经济与社会效益的同时，也会产生新的安全问题。这是过去传统产业没有面对过的挑战，需要充分利用互联网公司的经验和能力。目前腾讯拥有七个安全实验室，我们把安全视为自己的生命线。

例如，在智能网联汽车领域，我们的科恩安全实验室就曾发现特斯拉等网联汽车的多个高危安全漏洞。我们及时向车企报告了漏洞并协助修复，获得高度认可和嘉奖。再比如，今天的大量金融活动都发生在新的网络环境中，我们要持续、动态地对各种金融风险实现精准预警，就必须引入互联网基因，提高金融监管的“科技含量”。结合腾讯二十年来与网络黑产斗智斗勇的经验和能力，腾讯和深圳市金融办合作部署的“灵鲲平台”，目前正在针对非法集资、涉众金融风险等进行有效预警，让监管科技与金融科技保持并进。

产业互联网的另一块基石是科技创新。如果长期在基础研究和关键技术领域缺席，我们的各种应用创新，就可能像沙漠里盖起的高楼，随时有倒塌的危险。腾讯正在加大科研投入，目前已经成立人工智能实验室、量子实验室、机器人实验室等多个团队进行前沿领域的探索，并希望与高校、科研机构携手，特别是在大湾区探索产学研的创新生态。

今年全国“两会”期间，有媒体问我“互联网寒冬”是不是已经来到了。我回答说，资本对于互联网产业的追逐有周期性，去年可能比较热，现在我们感觉是比较冷静的，但我们看到产业互联网的春天才刚开始。尽管我们经常谈到，中国的人口红利还在不在。但我认为，中国的创新红利更值得关注，它还远远没有发挥出来。

过去四十年，我们打下了良好的产业基础，并培养了越来越多高素质的人才，这为各行各业的转型升级，实现高速度向高质量发展转变，创造了良好的条件。目前中国提交的5G国际标准文稿占全球的32%，主导标准化项目占比达40%，推进速度、推进质量都属于世界前列。此外，中国人工智能相关专利申请占全球申请总量的43%，居全球首位。

最后一句话，我对中国产业互联网的创新发展充满信心，也对深圳建成国际科技创新中心充满期待。谢谢大家！

附　录　三

马化腾创业“三问”

马化腾在创办和经营腾讯的时候，总会小心翼翼地追问自己三个问题，而这“三问”也准确地揭示了马化腾的经营管理理念。

第一问：这个新的领域你是不是擅长？

马化腾凭着对网络市场一种朦胧却又相当有预见性的理解，用近乎偏执的兴趣和近乎狂热的工作态度搭起腾讯的架子，坚持以技术为核心的公司理念，极端专注于技术开发和提升产品质量。

第二问：如果你不做，用户会损失什么？

做软件工程师的经历使马化腾明白，开发软件的意义就在于实用，而不是写作者的自娱自乐。马化腾曾说："其实我只是个很爱网络生活的人，知道网迷最需要什么，所以为自己和他们开发最有用的东西，如此而已。"

第三问：如果做了这个项目，自己能在该项目中有多大的竞争优势？

QQ 最早只是作为公司的一个副产品存在的，马化腾对 QQ 所蕴含的巨大市场价值并没有足够的认识。而且无论从技术上还是资金上，他对自己究竟能保持多大的竞争优势并没有把握。

当时腾讯所采取的策略是"三管齐下"：一方面继续巩固传统网络寻呼系统带来的大量利润；一方面将精力更多集中在改进 QQ 功能和开发新版本上；一方面寻找风险投资的支持。事实证明，这样的策略是正确的。

马化腾认为，作为领导者，需要胆魄、胸怀、眼光，其中眼光最重要。专注做自己擅长的事情，在前进的过程中，发现机会就要立刻去把握它，要有敏锐的市场感觉，这给过我们压力，却也是我们成功的契机。

马化腾创业语录

1. 我们都是普通家庭，没有什么特殊的，顶多是房子大一点，也不是说什么太大变化。潮州人习惯喝粥，还是这样。

2. 有时候不辛苦但是压力大，有时候是辛苦但是压力不大。

3. 工作五六年的时候，我花的钱不是买书就是买电脑。

4. 现在成家了，有小孩了，要照顾家里，会占用一些时间，跟单身汉不一样了。马化腾工作方面呢？没有太大的分别。我始终是产品经理的角色。

5. 我们原来也没想过要成什么样。我们只是觉得有机会去做，发挥所长。也有点回报。

6. 回顾腾讯十年业务的发展，其实就是慢慢地试，有信心，步子才会逐渐大一点。

7. 一个希望成功的人首先要回避风险。

8. 不要老觉得你的公司大了，其实如果看一个具体的业务，和其他任何公司没有任何的优势，所以一定要把这个心态压下来，像小公司那样灵活，才有可能获得成功。

9. 我认为腾讯的成功，首先就是技术、产品和用户感这个要非常强。其次是团队稳健、股东架构稳健很重要。

10. 要学习能力强。千万不要躺在功劳簿上，不要说我就不学了，一定要有兴趣去学。电子商务我现在都要有兴趣去学。整天在拍拍网上买东西，找感觉。

11. 很多人评论说 QQ 邮箱最不像我们的产品，这也是我们有意而为之，让QQ邮箱保持最简洁、没有广告、最佳商用，而且有效率的形象。

12. 2000 年网络泡沫破之前，融资是一轮一轮的，大都想着赶紧花完再去融资，我不是这样想。

13. 要取得事业成功，必须花心思预测未来几个月甚至几年的事情。

14. 品牌不是自己封的，一定要有实实在在的产品，满足各个阶层的人，有口碑、认可了，他会给你这个品牌赋予很多内涵，自然会认可。

15. 对我们来说，选人人品很重要，超级强调这块。这跟我们文化有关。第一是创始人喜欢简单的，不喜欢搞政治化，包括选干部，人品很重要；第二是看专业能力和配合能力、聪明度等。这是我们选拔人才的几个原则。

16. 我很多年没有写代码了，但做一些主要决策的时候，你要是写过代码，你就知道，主要是系统分析、决策、要做什么，但是你要有技术底，否则不能做判断。

17. 我觉得有危机感。但是这个危机感只要早点发现、早点应对，那还是有胜算。起码要往前走一步，看清楚情况，你才会在下一步决定哪方面加大、哪方面放，但是会尽量压低成本。

18. 很多机遇是外界赋予的，这方面我们自己觉得很幸运，所以更加不能浪费这个机会，应该想得更多。而不能说你现在得到的是自然的，别人打不赢你，我们从来都会很担心，不会觉得自己很强。

19. 有时你什么错都没有，就错在太老了。移动互联网时代，一个企业看似牢不可破，其实都有大的危机，稍微把握不住这个趋势的话，非常危险，之前积累的东西就可能灰飞烟灭了。

20. 互联网是个变化很快的行业，竞争非常激烈。十二年来，我最深刻的体会是，腾讯从来没有哪一天可以高枕无忧，我们每天都如履薄冰，始终担心某个疏漏随时会给我们致命一击，始终担心用户会抛弃我们。因此，我们一直奉行的信条是“一切以用户价值为依归”。我认为，这是腾讯能够一路走来、发展壮大的原因，也是互联网经济的核心要素之一。

腾讯拥有巨额市值的10个秘密

2017年腾讯股价连续多个交易日增长，市值破了5000亿，超越Facebook成为全球市值第五大公司。在长江北京校友会上，马化腾分享了腾讯的内部体系及价值观，以及目前的投资及方向。下面是对马化腾分享的核心观点和要素的总结。

1. 不把金矿挖完

在业务还不错的时候，不能把矿挖完。微信推广告我们很慎重，不希望骚扰大家。

2. 科技 + 文化

我们是互联网公司，近期，互联网公司市值暴涨，连房地产老板都希望学习互联网 +。我们把自己定位为一个科技公司，一个文化公司。除了科技，文化也是我们的主战场。

3. 使命

利用互联网技术，让人们过得更好！

4. 速度

创业要高速迭代，腾讯内部要做一件事的流程非常高效：拉群充分讨论——领导群内决策——下面人立马开干。当年腾讯做微信时，三个团队，张小龙比另外一个团队早出来二十多天，而微信产品出来却比小米的米聊晚二十一天，靠群聊、视频两个功能打败了米聊！但如果是晚几个月，可能就没有微信了，创业速度，很多时候要按天来计算。

5. 聚焦

腾讯看过很多可以做的行业，但最后觉得每一个都太难太复杂了，所以腾讯到今天也只做团队基因强的方向，其他通过投资方式布局，让擅长的人做擅长的事。比如京东、携程。腾讯现在全球市值第五，但还是在克制自己，做减法。

6. 价值观

腾讯在招募人才时对于价值观的要求非常高，而价值观中马化腾认为，正直最重要。如果发现团队里有人在价值观上存在问题，会毫不犹豫地处理掉。

7. 认真

作为全球市值第五的公司一把手，马化腾在读 Ph.D.（哲学博士）时仍然可以做到从不缺课。

8. 投资和方向

腾讯投了 200 多个项目，一是并购，二是采取多渠道下注。主要投资于互联网和对腾讯平台战略有价值的项目。如移动支付、消费。

9. AI 有发展前途

可以避开 BAT，比如 Uber、滴滴，其实在医疗、教育、旅游、金融科技、汽车，发展都很快，有很多机会。不存在 BAT 垄断的问题。

10. 征信和现金贷

征信公司可能合并，不能既做征信，又做小贷。现金贷公司有一些没有大数据，采取外挂式，不少借贷人借了好几份，风险难以控制。最近股价下跌很厉害。我们很谨慎，没有开发给年轻人信贷的产品。

媒体评论

他是中国最富有的人之一，但是也是最低调的富豪之一。他创造了中国最大的网络公司。

——《财富》周刊

温和、为人低调，但却是当之无愧的明星。他 1998 年创立的公司已经发展到如此的高度，但他不只是建立一个成功的企业，并在中国独特的文化背景中，将独生子女家庭以及庞大的移动互联网的人口联系起来。

——《时代》周刊

马化腾在模仿间不经意打造了一个庞大的“QQ 帝国”，为中国人创造了全新的沟通方式。经过短短几年的发展，腾讯 QQ 的用户群已成为中国最大的互联网注册用户群，腾讯 QQ 在即时通信领域排名中国第一、世界第二，同时腾讯公司也从广告、移动 QQ、QQ 会员费等多个领域实现了赢利，创造了中国网络领域一个经典的神话。

——人民网

在中国互联网，有一个人跟陈天桥、马云、丁磊、张朝阳、李彦宏五个人同时过招，他（马化腾）长相斯文，行止儒雅，却被叫作“全民公敌”，他掌管着中国市值最高的互联网公司。过去五年中，王雷雷、丁磊、周鸿祎、马化腾还有杨元庆都尝试过同一件事情，不过最后只有马化腾一个人成功了。

——《中国企业家》